リック式「右脳」メソッド

ヤバいくらい使える
英語慣用句
1400

リック西尾

リーディング

1回読み通したらワンチェック。

1	2	3	4
	40回に挑戦!!		
9	10	11	12
17	18	19	20
25	26	27	28
33	34	35	36

チェック チャート
さあ40回のリーディングに挑戦!!

5	6	7	8
13	14	15	16
21	22	23	24
29	30	31	32
37	38	39	40

ゴールおめでとう!!

リック式メソッドの原理

英語ができない三大原因

ヒアリングができないため

私たちが英語を耳にするとき、「何を言っているのか、さっぱりわからない」という現実に直面します。言葉を聞き取れずして、英語を習得するのは不可能です。にもかかわらず、私たちは、今までの英語学習でヒアリングの訓練をおろそかにしてきました。ですから、**私たちの脳には、英語の音声と言葉を認識する神経回路が形成されていないのです。**

英語を日本語に翻訳して理解するため

私たちは英語を理解するのに、一度日本語に翻訳してから理解します。だれもこのことを疑おうとはしません。しかし実は、このことこそが、日本人を英語のできない民族にしてしまった最大の原因なのです。日本語は日本語で考え理解するように、英語は英語で考え理解する。これが正しい方法なのです。今まで私たちは、英語の学習過程で、とにかく英語を日本語に翻訳し理解することに力を入れてきました。そのことが、**私たちの脳に英語に対する複雑な神経回路を形成してしまった**のです。

右脳を活用しないため

私たちが英単語を記憶するとき、大変な困難と苦痛が伴います。そのことで、英語の習得に挫折した人も少なくありません。今まで私たちは、疑問を持つことなく英単語の暗記に努力してきましたが、ここにも重大な欠陥があります。実は、**私たちは、ほとんど右脳を活用せず、非合理的な方法で**

記憶をしてきたのです。

右脳を活用しない従来の記憶法

右脳と左脳のはたらき

まず、右脳と左脳のはたらきについて考えてみます。大脳は右脳と左脳の二つに分かれており、それが脳梁(のうりょう)によって結ばれ、情報が伝達される仕組みになっています。右脳は「イメージ脳」、左脳は「言語脳」といわれ、両方の脳がお互いに役割を分担し、協力しながら脳の機能をつかさどっています。

右 脳		
	非言語的	知識は、イメージを通して獲得される。
	全体的	問題を全体的に見て、飛躍的な洞察を行う。
	想像的	空想や想像をつかさどる。
	芸術的	絵画や音楽を鑑賞する。

左 脳	言語的	読んだり、書いたり、話したりする能力をつかさどる。
	分析的	理性的、分析的な側面がある。
	直線的	情報は一つずつ順番に処理される。
	数学的	数字や記号は左脳で理解される。

言葉の性質について

次に、言葉の性質について考えてみます。言葉は基本的に二つの要素から成り立っています。一つは文字情報（表音・表記）の部分、もう一つはイメージ情報の部分で、この二つは表裏一体の関係にあります。
具体的に「走る」という言葉を例にとって図式化すると以下のようになります。

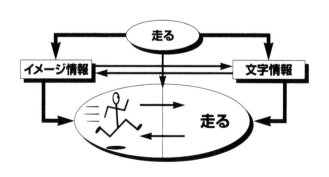

言葉と脳の関係

では、言葉と脳のかかわりはどのようになるのでしょうか。下記の図式のように、イメージ情報は右脳に、文字情報は左脳に分けられて、それぞれの脳に記憶されます。

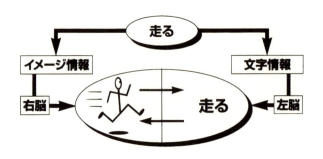

右脳のはたらきを疎外したテスト

ではここで、右脳を使わない記憶がいかに大変であるかを知るためのテストをしてみたいと思います。
右脳のはたらきを抑えることは、イメージの伴わない言葉を覚えることによって体験できます。イメージの伴わない言葉として、無意味な言葉などがあげられます。次の文章を記憶してみてください。

● **無意味な言葉**

> すましうろくもてと はとこるすくおき をごんたいえ

いかがですか。イメージの伴わない左脳だけの記憶が、いかに大変かということがおわかりいただけたと思います。

ちなみに、上記の言葉にイメージが加わると、記憶力は一気に飛躍します。

ひらがなを逆から読むと、

えいたんごを きおくすることは とてもくろうします

となります。

従来の英単語の記憶法

それでは、私たちの従来の英単語の記憶法は、どうして右脳のはたらきを疎外してきたのでしょうか。それを分析してみますと、以下のようになります。

1 「run」という英単語の文字を認識

⬇

2 対訳の「走る」という日本語と照合

⬇

3 run・走る　run・走る　run・走る

⬇

4 「run」=「走る」が脳に定着するまで

記憶の作業を反復する

これを図式化すると次のようになります。図式を見ていただくと、よくわかります。

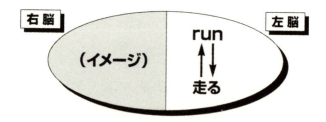

これだと**左脳内において表音表記の文字だけで記憶の作業が反復され、イメージが出力されていません**。つまり、右脳のはたらきがフリーズ状態のまま、記憶の作業が繰り返されていることになります。左脳だけの記憶がいかに大変かは、先ほどのテストで実験済みです。したがって、このような方法で記憶することは、非常に困難がつきまとい、また成果も上がりません。

では、どうすればよいのでしょうか。

リック式メソッドによる記憶法

まずは、図式を見てください。

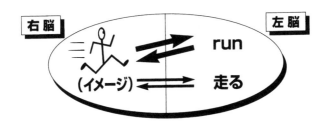

すでに私たちは、膨大な数の日本語を記憶しています。それはすなわち、その数の**概念化されたイメージを、右脳に記憶している**ることを意味します。そのイメージを右脳から出力して、英単語の文字と合わせるのです。

それを実現するためには、どうすればよいのか。次の文章をお読みください。

マラソンで道路をrunする

この文章を読むと、前後の文章からrunが何であるかイメージできます。つまり、**短い文章を通して右脳から「走るイメージ」が出力される**のです。そのイメージとrunを結合するのです。右脳におけるイメージを活用すると、記憶力が飛躍的に増すということは、先ほどのテストで実験済みです。

理解を深めるために、もう少し例文をお読みください。

●例文（本文より）

> ふとんを押し入れにput awayする
> ビールの栓をpull outする
> 荷物を下にtake downする
> 彼女をデートにask outする
> 秘密をマスコミにlet outする

いかがですか？ 例文を読むと、イディオム＝慣用句のイメージが浮かんできませんか。右脳に眠っているイメージが、呼び起こされたのではないでしょうか。

また、この方法だと、runを「走る」と理解しなくても、runをそのまま英語で理解することが可能になります。英語を日本語に翻訳して理解するという私たちの悪い習慣から脱皮することができます。

本書の利用法

まずイディオムの発音を習得していただくために、音声データを用意しています。まずはそれをPCやスマホにダウンロードしてください。

※ダウンロードは17頁及び表紙の袖に記載された方法に従って行ってください。

音声は各ページの見出しとイディオムのみが録音されています。とてもシンプルです。日本語の対訳はついていません。それをすると従来型の左脳を使った記憶法になるからです。

まずはイディオムを何度も聴いて、イディオムの発音を耳から覚えてください。口に出して発音すればより効果的です。

後はその意味が分かれば、イディオムの記憶は完成です。しかもイディオムを日本語

に還元しないで意味を覚えたことになります。

本書のイディオムは、動詞として使われているイディオムのみを集め、編集しました。これは、アメリカでは、"get" "take" "have"をはじめ、動詞としてのイディオムが日常生活の中でふんだんに使われているからです。
生きた英語を学ぶためにも、皆さんにこれらのイディオムを、どうしても覚えていただきたいと願っています。

また、目的語が、イディオムの動詞と前置詞・副詞の間に入るケースが多くあります。たとえば「かたづける」はput awayですが、「おもちゃをかたづける」はput the toys awayと表現します（put away the toysともいう）。
ですから、本文でput〜awayと表記することもできます。
しかし、本書では、put awayを一つの固まりとして覚えていただきたいために、極力「〜」の使用を省きました。
「〜」を使うと、どうしても理屈でイディ

オムを覚えることになり、無駄な左脳の働きが生まれ、記憶力を減退させてしまうことになるからです。

本書では、まずイディオムの基本型を覚えてください。そして、実際のイディオムの活用方法や、目的語の入る位置については、いろいろな文章に触れながら学習していってもらいたいと考えています。

本書は、**文章を読みながらイディオムのイメージが浮かぶように工夫してつくられています**（イメージを優先しているため、多少の不自然な文章はお許しください）。ですから、右ページの対訳は、あくまで確認程度にとどめ、イディオムをイメージでとらえるようにしてください。

ただ、ピアノやゴルフの習得を考えてみればおわかりいただけると思いますが、何をするにも反復作業は必要な条件です。2〜3回の反復でマスターを望むこと自体、非科学的なことです。イディオムの記憶においても同じことが言えます。この本は、1ページごとの読み切りにし、無駄な文章をいっさい省き、テンポよくリズミカルに読み進められるように工夫がこらされていま

す。**チェックチャートが本書の巻頭に用意されていますので、できれば40回を目安に、そこに記入しながら読み返してください。**慣れてくれば1時間で1冊読み通すことができ、早い人で40日足らずで、会話に必要なイディオム1400のマスターが可能です。

　　　　　　　　　　　　　　　　リック西尾

すべての慣用句の音声入り
無料音声
（1～4倍速対応）
ダウンロード
スマホでも聴けます！

本書の慣用句の音声は、パソコン・スマホ・タブレット端末のいずれでも無料でご利用いただけます。ダウンロードの詳細は、下記をご参照ください。

http://kklong.co.jp/kanyouku

下のQRコードからもアクセスできます。

■2倍速、3倍速、4倍速でチャレンジしてみよう！

　最初は通常のスピードで英文を聞き、声に出して下さい。少し慣れてきたら2倍速でチャレンジして下さい。それにも慣れてきたら3倍速に、さらに4倍速にまでチャレンジして下さい。

　やっているうちに左脳の自意識が薄れ、情報が右脳に定着しやすくなります。右脳に定着した英語の情報が左脳につながれば、いつでも理解し表現ができるようになります。そして自然に英語が口から出てくるようになります。

　このチャレンジの過程で、日本語という振動数の低い言語に慣れ切っていた聴覚が鋭くなってくるのが分かります。聴覚が敏感になることによって、振動数の高い英文を聞き取る力が高まります。

　試しに、高速に慣れてきたら、少しスピードを下げてみてください。以前は聞きにくかった英文がハッキリ聞こえ、いつの間にか右脳に定着しているのが実感できるはずです。

〈指導・制作〉
　一般社団法人エジソン・アインシュタインスクール協会
　　　　　　　　　　　　　　　　　代表　鈴木昭平

CONTENTS

リーディングチェックチャート ……………………………………… 2
リック式メソッドの原理 ……………………………………………… 4

第1章 日常の生活動作
❶起床 ……………………………………………………………… 26
❷出勤① …………………………………………………………… 28
❸出勤② …………………………………………………………… 30
❹出勤③ …………………………………………………………… 32
❺散歩 ……………………………………………………………… 34
❻掃除・洗濯 ……………………………………………………… 36
❼押し入れの整理 ………………………………………………… 38
❽生活動作 ………………………………………………………… 40
❾料理 ……………………………………………………………… 42
❿食事 ……………………………………………………………… 44
⓫帰宅 ……………………………………………………………… 46
⓬入浴 ……………………………………………………………… 48
⓭寝る ……………………………………………………………… 50
⓮電気・ガス・水道 ……………………………………………… 52
⓯電話 ……………………………………………………………… 54
⓰ショッピング …………………………………………………… 56
⓱運転 ……………………………………………………………… 58

第2章 人間の基本動作
⓲手を使った動作① ……………………………………………… 62
⓳手を使った動作② ……………………………………………… 64
⓴その他の動作 …………………………………………………… 66

㉑見る① ……………………………………… 68
㉒見る② ……………………………………… 70
㉓話す ………………………………………… 72
㉔おしゃべり ………………………………… 74
㉕笑う・叱る ………………………………… 76
㉖秘密 ………………………………………… 78
㉗書く ………………………………………… 80
㉘調べる・探す ……………………………… 82
㉙出す・入る・いる ………………………… 84
㉚進む ………………………………………… 86
㉛去る ………………………………………… 88
㉜取る ………………………………………… 90
㉝止める ……………………………………… 92
㉞使う ………………………………………… 94
㉟離す ………………………………………… 96
㊱壊す ………………………………………… 98

第3章　社会生活と人生
㊲自然 ………………………………………… 102
㊳物 …………………………………………… 104
㊴人 …………………………………………… 106
㊵女子生徒 …………………………………… 108
㊶勉強 ………………………………………… 110
㊷近所 ………………………………………… 112
㊸訪問 ………………………………………… 114
㊹生活 ………………………………………… 116
㊺生計 ………………………………………… 118
㊻旅行の準備 ………………………………… 120

(47)旅行 …… 122
(48)誘惑 …… 124
(49)酒場での会話 …… 126
(50)お見合いパーティー …… 128
(51)デート …… 130
(52)恋愛 …… 132
(53)同棲 …… 134
(54)プロポーズ …… 136
(55)浮気 …… 138
(56)別れ …… 140
(57)健康 …… 142
(58)病気 …… 144
(59)習慣 …… 146
(60)人生 …… 148
(61)友人との関係 …… 150
(62)負の人間関係 …… 152
(63)成功者 …… 154
(64)内面 …… 156
(65)出来事① …… 158
(66)出来事② …… 160
(67)受動態 …… 162
(68)抽象① …… 164
(69)抽象② …… 166

第４章　ビジネスと人間関係
(70)ファッション …… 170
(71)マスコミ …… 172
(72)仕事① …… 174

- ❼❸仕事② ………………………… 176
- ❼❹仕事③ ………………………… 178
- ❼❺ビジネスマン ………………… 180
- ❼❻会議 …………………………… 182
- ❼❼有能な上司 …………………… 184
- ❼❽有能な部下 …………………… 186
- ❼❾無能な上司 …………………… 188
- ❽⓿部長 …………………………… 190
- ❽❶ビジネス ……………………… 192
- ❽❷開業 …………………………… 194
- ❽❸商売 …………………………… 196
- ❽❹商品開発 ……………………… 198
- ❽❺企業 …………………………… 200
- ❽❻ストライキ …………………… 202
- ❽❼倒産 …………………………… 204
- ❽❽会社再建 ……………………… 206
- ❽❾経済 …………………………… 208
- ❾⓿金融改革 ……………………… 210
- ❾❶講演 …………………………… 212
- ❾❷事故 …………………………… 214
- ❾❸チンピラ ……………………… 216
- ❾❹喧嘩 …………………………… 218
- ❾❺泥棒 …………………………… 220
- ❾❻殺人 …………………………… 222
- ❾❼探偵 …………………………… 224
- ❾❽指名手配者と刑事 …………… 226
- ❾❾脱獄 …………………………… 228
- ⓵⓿⓿部族紛争 …………………… 230

第 1 章

日常の生活動作

起床

深い眠りから **wake up** する

目をこすりながら **sit up** する

ファ～ッと **give a yawn** する

ウ～ンと手足を **stretch out** する

ようやく床から **get up** する

ふとんを **fold up** する

それを押し入れに **put away** する

パジャマを **take off** する

パンツを **pull down** する

浴室に入り **take a shower** する

鏡台で **make up** する

家に鍵をかけ **lock up** する

鍵がかかっているかを **make sure of** する

ゴミ袋を **throw away** する

1

☐ wake up	目を覚ます
☐ sit up	体を起こす (寝ている状態から)
☐ give a yawn	あくびをする
☐ stretch out	手足を伸ばす
☐ get up	起床する
☐ fold up	をたたむ
☐ put away	をしまう
☐ take off	を脱ぐ
☐ pull down	を下げる
☐ take a shower	シャワーを浴びる
☐ make up	化粧をする
☐ lock up	戸締まりをする (鍵を全部かける)
☐ make sure of	を確認する
☐ throw away	を投げ捨てる

出勤①

目覚ましが鳴らず **sleep in** する

朝食をとらず服を **throw on** する

アパートから急いで **rush out of** する

駅に向かって **make haste** する

ダッシュで道路を **run across** する

人の合間を **run through** する

歩道橋を **run up** する

息を切らせ **run down** する

広い道路を **get across** する

信号が赤で **mark time** する

横断歩道を **cut across** する

交差点を **come across** する

無事に駅構内に **run into** する

ゼーゼーと **run out of breath** する

2

☐ sleep in	寝坊をする
☐ throw on	を急いで着る
☐ rush out of	から飛び出す
☐ make haste	急ぐ
☐ run across	を走って横切る
☐ run through	を走り抜ける
☐ run up	を駆けのぼる
☐ run down	を走って降りる
☐ get across	を渡る
☐ mark time	足踏みする
☐ cut across	を横断する
☐ come across	を横切る
☐ run into	に駆け込む
☐ run out of breath	息を切らす

出勤②

夫は今日も会社に **go to work** する

妻は夫を **send off** する

夫は林を **come through** する

公園を **get through** する

地下道を **pass through** する

階段を **step up** する

夫は大切な書類を **leave behind** する

忘れ物に気づき **turn back** する

足早に **run back** する

来た道を **double back** する

妻は書類を手に夫を **go after** する

小走りに **run after** する

ようやく夫に **come up with** する

引き返してきた夫に **catch up with** する

3

☐ go to work	出勤する
☐ send off	を見送る
☐ come through	を通り抜ける
☐ get through	を通り抜ける
☐ pass through	を通り抜ける
☐ step up	を上がる (階段などを)
☐ leave behind	を置き忘れる
☐ turn back	引き返す
☐ run back	大急ぎで戻る
☐ double back	後戻りする (来た道などを)
☐ go after	を追いかける
☐ run after	を追いかける
☐ come up with	に追いつく
☐ catch up with	に追いつく

出勤③

時間に遅れてタクシーに **get in** する

タクシーは駅に **get to** する

タクシーから **get out of** する

駅のホームで人の列に **break into** する

そして列に **stand in line** する

到着した電車に **get on** する

前の乗客を **push away** する

座席に無理やり **squeeze into** する

席をずらし **move over** する

目の前のお年寄りに席を **give place to** する

吊り革に **hang on to** する

電車が駅に到着し電車から **get off** する

ぎりぎりオフィスに **slip into** する

タイムレコーダーに **ring in** する

4

☐ **get in**	に乗る（車などに）
☐ **get to**	に到着する
☐ **get out of**	から降りる（車などから）
☐ **break into**	に割り込む
☐ **stand in line**	列に並ぶ
☐ **get on**	に乗る（バス・列車などに）
☐ **push away**	を押しのける
☐ **squeeze into**	に割り込む
☐ **move over**	席をつめる
☐ **give place to**	に席を譲る
☐ **hang on to**	につかまる
☐ **get off**	から降りる（バス・列車などから）
☐ **slip into**	に滑り込む
☐ **ring in**	出勤時刻を記録する（タイムレコーダーで）

散歩

毎朝決まった時間に **have a walk** する

公園へ **go for a walk** する

広い公園を **take a walk** する

飼っている犬を **walk a dog** する

運動を兼ね **walk with quick steps** する

境内を **go through** する

交番のわきを **get by** する

向こうから来る集団に **give way to** する

邪魔にならないよう **stand aside** する

郵便局に **call at** する

そこでしばらく **take a rest** する

散歩を終えて家に **get back** する

「ほっ」と **take a breath** する

大きく胸いっぱい **take a deep breath** する

5

☐ have a walk	散歩する
☐ go for a walk	散歩にいく
☐ take a walk	散歩する
☐ walk a dog	犬を散歩させる
☐ walk with quick steps	早足で歩く
☐ go through	を通り抜ける
☐ get by	のわきを通り過ぎる
☐ give way to	に道を譲る
☐ stand aside	わきに寄る
☐ call at	にちょっと立ち寄る
☐ take a rest	休息する
☐ get back	戻る
☐ take a breath	一息つく
☐ take a deep breath	深呼吸する

掃除・洗濯

台所を **polish off** する

部屋を **clear out** する

散らかったものを **clear up** する

机のまわりを整理し **tidy up** する

本棚を **get straight** する

掃除機をかけて部屋を **clean up** する

雑巾をかけて部屋を **clean out** する

洗濯物を **do the wash** する

落ちにくい汚れを手で **wash out** する

洗濯物をベランダに **hang out** する

洗濯物をサオに **hang up** する

夕方になり洗濯物を **take in** する

取り込んだ洗濯物を **fold up** する

ワイシャツに **iron out** する

6

☐ **polish off**	をさっさと片づける
☐ **clear out**	を掃除する
☐ **clear up**	を片づける
☐ **tidy up**	を整頓する
☐ **get straight**	整理する
☐ **clean up**	をきれいにする
☐ **clean out**	をきれいに掃除する
☐ **do the wash**	洗濯する
☐ **wash out**	を洗い落とす（汚れ・色などを）
☐ **hang out**	を外へ出して干す
☐ **hang up**	を掛ける
☐ **take in**	を取り込む
☐ **fold up**	を折りたたむ
☐ **iron out**	にアイロンをかける

押し入れの整理

ダンボール箱を棚から **take down** する

箱を床に **put down** する

その箱を **turn upside down** する

不要なものを **dispose of** する

それをゴミ箱に **cast away** する

ダンボール箱をひもで **string up** する

じゅうたんを押し入れから **draw out** する

巻かれたじゅうたんを **roll out** する

それをまた **roll up** する

そして再度もとの場所に **put back** する

衣装ケースを **take out** する

古着を **turn inside out** する

ケースのラベルを **tear off** する

押し入れの中を **put in order** する

7

☐ take down	を降ろす
☐ put down	を下へ置く
☐ turn upside down	をひっくり返す
☐ dispose of	を処分する
☐ cast away	を捨てる
☐ string up	をひもで結ぶ
☐ draw out	を引っぱり出す
☐ roll out	を広げる（巻いてあるものを）
☐ roll up	を巻く
☐ put back	をもとに戻す
☐ take out	を取り出す
☐ turn inside out	を裏返す（シャツ・袋などを）
☐ tear off	をはがす（無理やりに）
☐ put in order	整然と片づける

生活動作

濡れたタオルをきつく **wring out** する

床の汚れを **wipe off** する

こぼれた油を **wipe out** する

泥だらけの服を **wash away** する

車の汚れを **wash down** する

ペンキで落書きを **paint out** する

故障した車を **fix up** する

古いバッテリーを **take off** する

組み立て式の本箱を **screw up** する

本箱を部屋の角に **fit up** する

棚を壁に **nail down** する

打ち損じの釘を **pull out** する

ポスターを壁に **pin up** する

ドリルで壁に **make a hole** する

8

☐ wring out	をしぼる
☐ wipe off	を拭き取る
☐ wipe out	をぬぐい取る
☐ wash away	を洗い落とす
☐ wash down	を洗い落とす（車・壁などの汚れを勢いよく）
☐ paint out	を塗りつぶす（ペンキなどで）
☐ fix up	を修理する
☐ take off	を取りはずす
☐ screw up	をネジで締める
☐ fit up	を備えつける（家具などを）
☐ nail down	を釘でとめる
☐ pull out	を抜く
☐ pin up	をピンでとめる
☐ make a hole	穴をあける

料理

主婦は家で **keep house** する

突然の来客に食事を **toss up** する

冷めた料理を **warm over** する

野菜を **cut up** する

切った野菜を **mix up** する

手製のドレッシングを **shake up** する

調味料を全部 **use up** する

濃いスープを **water down** する

つくった料理を **dish out** する

テーブルに **dish up** する

ビールの栓を **pull out** する

食後にテーブルを **clear away** する

残りものの料理をラップで **wrap up** する

お客が帰ったあと **do the dishes** する

9

☐ keep house	家事をする
☐ toss up	を手早くつくる（食事などを）
☐ warm over	を温め直す（冷めた料理を）
☐ cut up	を細かく切る（薄く）
☐ mix up	をごちゃ混ぜにする
☐ shake up	をよく振って混ぜる
☐ use up	を使い果たす
☐ water down	水で薄める
☐ dish out	を皿に盛り分ける
☐ dish up	料理を出す
☐ pull out	を抜く
☐ clear away	を片づける
☐ wrap up	を包む
☐ do the dishes	皿を洗う

食事

ひさしぶりにレストランで **eat out** する

生ビールを **take a drink of** する

おいしそうにジョッキで **gulp down** する

喉をゴクゴクいわせて **toss off** する

顔が赤くなり **get drunk** する

ビールを飲んだあと **have a meal** する

おいしそうな料理を **have a sniff** する

厚いステーキを **bite off** する

そばを **slurp up** する

ズルズルと **make a noise** する

食事をフォークで **pick at** する

せかされて食事を **polish off** する

出された食事をすべて **make away with** する

きれいに食事を **eat up** する

10

☐ eat out	外食する
☐ take a drink of	を1杯飲む
☐ gulp down	をごくごくと飲む
☐ toss off	を一気に飲み干す
☐ get drunk	酔う
☐ have a meal	食事をする
☐ have a sniff	匂いをかぐ
☐ bite off	を食いちぎる
☐ slurp up	をつるつると食べる
☐ make a noise	音をたてる
☐ pick at	をつつきまわす（食べ物を）
☐ polish off	を急いで食べてしまう
☐ make away with	を食べ尽くす
☐ eat up	をたいらげる

帰宅

仕事を早々に **knock off** する

家族の待つ家に **go home** する

路上で同級生に **come across** する

お互いに **exchange nods** する

昔の恋人に **run across** する

知らないふりをして **droop one's head** する

大学の先輩に **run up against** する

先輩に **come up to** する

手を差しのべ先輩と **shake hands with** する

いっしょに居酒屋に **drop by** する

飲みすぎて食べたものを **throw up** する

寿司屋に **stop by** する

寿司を **take out** する

ようやく家に **get home** する

11

☐ knock off	を切り上げる
☐ go home	家に帰る
☐ come across	に偶然出くわす
☐ exchange nods	会釈を交わす
☐ run across	にひょっこり会う
☐ droop one's head	うつむく
☐ run up against	にばったり会う
☐ come up to	に近づく
☐ shake hands with	と握手する
☐ drop by	にちょっと寄ってみる
☐ throw up	を吐く (食べたものを)
☐ stop by	に寄る
☐ take out	持ち帰る (店で食べずに)
☐ get home	帰宅する

入浴

浴槽に栓を **put plug in** する

お湯を浴槽に **pour into** する

お湯に手を入れ **take the temperature** する

服を **peel off** する

寒くて服を **throw off** する

かごに衣服を **cast off** する

急いで浴室に入り **take a bath** する

浴槽に **step into** する

水しぶきをあげ **plunk into** する

熱い湯に **soak in** する

冷えた体が **get warm** する

浴槽から **step out of** する

洗顔石鹸で **wash up** する

タオルでゴシゴシと体を **have a wash** する

12

☐ **put plug in**	に栓をする
☐ **pour into**	に注ぎ入れる
☐ **take the temperature**	温度を計る
☐ **peel off**	を脱ぐ
☐ **throw off**	を急いで脱ぐ
☐ **cast off**	を脱ぎ捨てる
☐ **take a bath**	入浴する
☐ **step into**	に入る
☐ **plunk into**	にざぶんと入る
☐ **soak in**	につかる
☐ **get warm**	温まる
☐ **step out of**	から出る
☐ **wash up**	手や顔を洗う
☐ **have a wash**	を洗う (体を)

寝る

パパはテレビを見ながら **lie down** する

うつらうつらと **doze off** する

知らないうちに **drop off** する

ママは泣きじゃくる赤ちゃんを **put to bed** する

なんとかして赤ちゃんを **put to sleep** する

赤ちゃんはようやく **get to sleep** する

子供はベッドに入り **have a sleep** する

ぐっすりと **fall asleep** する

ベッドの上をゴロリと **toss and turn** する

ムニャムニャと何やら **talk in one's sleep** する

怖い **have a dream** する

ギギギギギーと **grind one's teeth** する

深い眠りに落ち **sleep like a log** する

パパは休日で昼まで **sleep away** する

13

☐ lie down	横になって休む
☐ doze off	居眠りする
☐ drop off	寝入る
☐ put to bed	寝かしつける
☐ put to sleep	眠らせる
☐ get to sleep	眠りにつく
☐ have a sleep	眠る
☐ fall asleep	眠り込む
☐ toss and turn	寝返りを打つ
☐ talk in one's sleep	寝言を言う
☐ have a dream	夢を見る
☐ grind one's teeth	歯ぎしりする
☐ sleep like a log	死んだように眠る
☐ sleep away	寝て過ごす

電気・ガス・水道

掃除機のコードを**plug in**する

掃除機の電気を**switch on**する

掃除が終わり**switch off**する

そして**plug out**する

テレビを**turn on**する

テレビの音量を**turn up**する

音がうるさくて音量を**turn down**する

面白い番組もなくテレビを**turn off**する

暗い室内を**light up**する

水道の水をジャーッと**turn on**する

そして水道の水を**turn off**する

ガスを**shut off**する

外の電灯を**put out**する

家の電源を**cut off**する

14

☐ plug in	プラグを差し込む
☐ switch on	スイッチを入れる
☐ switch off	スイッチを切る
☐ plug out	プラグを引き抜く
☐ turn on	をつける(テレビ・ラジオなどを)
☐ turn up	を大きくする(音量などを)
☐ turn down	を小さくする(音量などを)
☐ turn off	を消す(テレビ・ラジオなどを)
☐ light up	を明るくする
☐ turn on	を出す(ガス・水道などを)
☐ turn off	を止める(ガス・水道などを)
☐ shut off	を止める(ガス・水道などを)
☐ put out	を消す(火・電灯などを)
☐ cut off	を止める(電気・ガスなどの供給を)

電話

自宅に **give a call** する

留守だったのであとで電話を **call back** する

得意先の会社に **make a phone call** する

そして伝言を **leave a message** する

恋人に **call up** する

長々と **make a long phone call** する

受話器をガチャッと **hang up** する

電話が鳴り **take the call** する

急いで **answer the call** する

得意先から **get a call from** する

電話をまわすために **hold on** する

相手を一時待たせて **put the call on hold** する

上司に **transfer the call** する

お客から **take a message** する

15

☐ give a call	電話をかける
☐ call back	に電話をかけ直す
☐ make a phone call	電話をかける
☐ leave a message	伝言を残す
☐ call up	に電話をかける
☐ make a long phone call	長電話をする
☐ hang up	電話を切る
☐ take the call	電話を取る
☐ answer the call	電話を取る
☐ get a call from	から電話を受ける
☐ hold on	電話を切らずにおく
☐ put the call on hold	電話を保留にする
☐ transfer the call	電話をまわす
☐ take a message	伝言を受ける

ショッピング

ショッピングに**go for**する

ショッピングモールを**hang around**する

4階に上がるため**take an elevator**する

いろいろなお店を**shop around**する

宝石店に**look in at**する

ショーケースの中を**look in**する

しげしげと中を**look into**する

気に入った一つを**make a choice**する

店員は宝石を**take out**する

ブティックで服を**look for**する

素敵な服を**try on**する

靴屋でブーツを**pull on**する

レジでお金を**count out**する

店員は金額をレジに**ring up**する

16

☐ **go for**	に出かける（買い物・散歩などに）
☐ **hang around**	をうろつく
☐ **take an elevator**	エレベーターに乗る
☐ **shop around**	あちらこちらを見て歩く（買い物をするために）
☐ **look in at**	に立ち寄る
☐ **look in**	の中をのぞく
☐ **look into**	をのぞき込む
☐ **make a choice**	選ぶ
☐ **take out**	を取り出す
☐ **look for**	を探す
☐ **try on**	を試着する
☐ **pull on**	を引っぱって履く（衣類・靴・手袋などを）
☐ **count out**	を数えて出す（お金などを）
☐ **ring up**	を打ち込む（レジに金額を）

運転

道路にたくさんの車が**go by**する

車に乗車してアクセルを**step on**する

車の速度を**speed up**する

車の流れに**cut in**する

途中で事故に**meet with**する

先を急ぐため**cut corners**する

細い道で速度を**slow down**する

後方からの車に**make way for**する

目的地に到着し車を**pull over**する

エンジンを切り車を**pull up**する

友人を車に**give a ride**する

エンジンが動かず車が**break down**する

友人を**drop off**する

メーターに気づかずガソリンを**run out of**する

17

☐ go by	が通り過ぎる (人・車などが)
☐ step on	を踏む
☐ speed up	スピードを上げる
☐ cut in	に割り込む (車・会話などに)
☐ meet with	に出くわす (事故などに)
☐ cut corners	近道する (車で)
☐ slow down	スピードを落とす
☐ make way for	に道を譲る
☐ pull over	をわきに寄せる (車を)
☐ pull up	を停める (車などを)
☐ give a ride	を自分の車に乗せてあげる (人を)
☐ break down	故障する
☐ drop off	を降ろす (車から)
☐ run out of	を切らす (ガソリンを)

第 2 章

人間の基本動作

手を使った動作①

荷物を下に **take down** する

荷物を車から **bring down** する

抱えた箱を下に **let down** する

重い道具を **put down** する

貝殻を **pick up** する

硬貨を指ではじき **toss up** する

荷物を外に **throw out** する

荷物を窓から **pitch out** する

荷物を屋根から **plunk down** する

ボールを相手に **throw back** する

荷物を人に **hand on** する

荷物を乱暴に **fling off** する

パンフレットを通行人に **hand out** する

暗闇の中でコンタクトレンズを **feel for** する

18

☐ take down	を降ろす
☐ bring down	を降ろす (荷物などを)
☐ let down	を降ろす
☐ put down	を下に置く
☐ pick up	を拾い上げる
☐ toss up	を放り上げる (硬貨を)
☐ throw out	を投げ出す
☐ pitch out	を放り出す
☐ plunk down	をどすんと投げ落とす
☐ throw back	を投げ返す (ボールなどを)
☐ hand on	手渡す
☐ fling off	を投げ捨てる (乱暴に)
☐ hand out	を配る
☐ feel for	を手探りで探す

手を使った動作②

握ったハンドルから手を**let go**する

群衆の中の一人を**point to**する

アタッシュケースを**lay aside**する

大切なカバンを**put aside**する

ノートパソコンを機内に**bring in**する

テント一式を家から**bring over**する

食器をもとの場所に**bring back**する

本をもとの場所に**take back**する

電話機をおもちゃ代わりに**play with**する

ビデオカメラをあれこれと**trifle with**する

栓で排水口を**cover in**する

包装紙で箱を**do up**する

風呂敷で荷物を**wrap up**する

大根を地面から**pull out**する

19

☐ **let go**	から手を離す
☐ **point to**	を指さす
☐ **lay aside**	をわきに置く
☐ **put aside**	をわきに置く
☐ **bring in**	を持ち込む
☐ **bring over**	を持ってくる
☐ **bring back**	を戻す
☐ **take back**	を戻す
☐ **play with**	をもてあそぶ
☐ **trifle with**	をいじくる
☐ **cover in**	をふさぐ (穴などを)
☐ **do up**	を包む
☐ **wrap up**	を包む
☐ **pull out**	を抜く

その他の動作

ペンキを壁に **lay on** する

油絵の傷を **touch up** する

文字の間違いを **rub out** する

プラモデルを **make up** する

失敗した料理を **make over** する

定規で縦横の長さを **measure off** する

計量カップで分量を **measure out** する

靴ひもを結ぶため **stoop down** する

革靴をピカピカに **brush up** する

タマネギの皮を **peel away** する

服に積もった雪を **shake off** する

熊手で枯れ草を **sweep up** する

人に呼び止められ **turn around** する

運転しながら **turn aside** する

20

☐ lay on	を塗る（ペンキなどを）
☐ touch up	を修正する（写真・文章などを）
☐ rub out	を消しゴムで消す
☐ make up	を組み立てる
☐ make over	をつくり直す
☐ measure off	を測る（長さを）
☐ measure out	を計る（分量を）
☐ stoop down	かがむ
☐ brush up	を磨く
☐ peel away	の皮をはぐ
☐ shake off	を振り払う
☐ sweep up	を集める（枯れ葉などを）
☐ turn around	振り向く
☐ turn aside	わきを向く

見る①

彼女の目をじっと**look at**する

まっすぐに**look ahead**する

部屋の中から窓の外を**look out of**する

人だかりのほうを**look to**する

窓越しに**see over**する

顔を上げて上を**look up at**する

顔を下げて下を**look down on**する

隣の席の人の答案を**steal a glance**する

女性のふくよかな胸元を**take a glance at**する

気づかれないように**have a look at**する

わからないように**take a look**する

しげしげと**look over**する

人に呼び止められ**look back**する

恋人と映画を**take in**する

21

☐ look at	を見る
☐ look ahead	前方を見る
☐ look out of	の外を見る
☐ look to	のほうを見る
☐ see over	~越しに見る
☐ look up at	を見上げる
☐ look down on	を見下ろす
☐ steal a glance	を盗み見する
☐ take a glance at	をちらっと見る
☐ have a look at	をちょっと見る
☐ take a look	をちょっと見る
☐ look over	をずっと見る
☐ look back	振り返って見る
☐ take in	を見る（映画などを）

69

見る②

顔を突っ込み箱の中を **look into** する

望遠鏡を通して星を **look through** する

お札を光に透かして **see through** する

顔を振りキョロキョロと **look around** する

友人を空港まで **see off** する

友人を玄関まで **see out** する

美人のA子を街でよく **see around** する

群衆にまぎれ喧嘩を **look on** する

最新の工場を **see over** する

被害者は犯人の顔を **glare at** する

犯人は良心の呵責から目を **look away** する

刑事は人ごみから犯人を **make out** する

刑務官は囚人を **keep an eye on** する

囚人はまじまじと刑務官を **look ~ in the eye** する

22

☐ look into	をのぞき込む
☐ look through	を通して見る (望遠鏡などを)
☐ see through	を透かして見る
☐ look around	あたりを見まわす
☐ see off	を見送る
☐ see out	を玄関まで見送る
☐ see around	をよく見かける
☐ look on	傍観する
☐ see over	を視察する
☐ glare at	をにらみつける (怒って)
☐ look away	目をそむける
☐ make out	をやっと見分ける
☐ keep an eye on	を見張る
☐ look ～ in the eye	～をまともに見る

話す

社内で見かけた同僚に **talk to** する

気の合う同僚と **talk with** する

廊下で **stand and chat** する

ひそひそと **speak in a low voice** する

声を張りあげ **speak up** する

キーキーと **pipe up** する

恋愛について **talk of** する

仕事中の上司に **speak to** する

心おだやかに **speak slowly** する

仕事について **talk about** する

納得がいくまで **talk over** する

隠しごとをせず **open up** する

何時間も **talk out** する

深夜まで仕事のことを **talk away** する

23

☐ talk to	に話しかける
☐ talk with	と話す
☐ stand and chat	立ち話をする
☐ speak in a low voice	小声で話す
☐ speak up	大声ではっきりと話す
☐ pipe up	かん高い声で話す
☐ talk of	について話す
☐ speak to	に話しかける
☐ speak slowly	ゆっくり話す
☐ talk about	について話す
☐ talk over	よく話し合う
☐ open up	心を開いて話す
☐ talk out	を徹底的に話し合う
☐ talk away	を話して過ごす

おしゃべり

女性が集まり **have a chat** する

A子の好きな上司に **lead up to** する

A子がその話に **cut into** する

B子もその話に **break in** する

C子もその話に **burst in** する

D子が横から **cut in** する

そしてA子の態度を **give a voice to** する

さらに相手の上司のことを **speak of** する

A子はカチンときてD子と **tangle with** する

A子は怒りで **call out** する

まわりに響く声で **yell out** する

A子は突然ワーッと **burst into tears** する

みんなはA子を **calm down** する

しばらくみんな **fall silent** する

24

☐ have a chat	おしゃべりする
☐ lead up to	に話題を向ける
☐ cut into	に割り込む (話などに)
☐ break in	に割り込む (話などに)
☐ burst in	に割り込む (話などに)
☐ cut in	口をはさむ
☐ give a voice to	を口に出す
☐ speak of	のことを言う
☐ tangle with	と喧嘩する
☐ call out	大声で叫ぶ
☐ yell out	わめく
☐ burst into tears	わっと泣き出す
☐ calm down	をなだめる
☐ fall silent	沈黙する

笑う・叱る

気まずい思いで **laugh off** する

体裁が悪く **smile bitterly** する

人を馬鹿にし **laugh at** する

鼻で「ふん」と **sneer at** する

ハハハハハッと **crack up** する

大きな口を開けて **laugh broadly** する

うるさいくらい **laugh loudly** する

会場がいっせいに **break into laughter** する

わがままな子供を **bawl out** する

朝帰りした娘を **come down on** する

態度の悪い息子を **dress down** する

ミスした部下を **call down** する

タバコを吸った男子生徒を **land on** する

不良とつき合う女子生徒を **give it to** する

25

☐ laugh off	を笑ってごまかす
☐ smile bitterly	苦笑いする
☐ laugh at	をあざ笑う
☐ sneer at	をあざ笑う
☐ crack up	腹を抱えて笑う
☐ laugh broadly	大きな口を開けて笑う
☐ laugh loudly	大声で笑う
☐ break into laughter	どっと笑い出す
☐ bawl out	を叱る
☐ come down on	をひどく叱る
☐ dress down	を叱りつける
☐ call down	をひどく叱る
☐ land on	を厳しく叱る
☐ give it to	を厳しく叱る

秘密

秘密をうっかり **let slip** する

秘密をマスコミに **let out** する

秘密を外部に **come out with** する

秘密を気のゆるみから **give away** する

秘密がおおやけに **come out** する

秘密が明るみに **come to light** する

秘密をこっそりと知人に **let in on** する

秘密を厳重に **keep a secret** する

その事実が本当かどうかを **pin down** する

徹底した調査で事実を **find out** する

商談で相手の意向を **feel out** する

夫の過去の浮気を **rake up** する

偽善的な政治家の本性を **show up** する

うそぶく政治家の虚偽を **rip away** する

26

☐ let slip	うっかり口を滑らせる
☐ let out	を漏らす（秘密などを）
☐ come out with	を漏らす（秘密などを）
☐ give away	をうっかり漏らす（秘密などを）
☐ come out	がおおやけになる（秘密などが）
☐ come to light	明るみに出る
☐ let in on	を教える（秘密などを）
☐ keep a secret	秘密を守る
☐ pin down	をはっきりさせる（事実などを）
☐ find out	を見つけ出す（調査・研究によって事実などを）
☐ feel out	を探る（人の意向などを）
☐ rake up	をむし返す
☐ show up	をあばく（人の本性などを）
☐ rip away	をあばく（虚偽・見せかけなどを）

書く

講義で教授の話を **take notes** する

記者会見で大臣の話を **jot down** する

会議で社長の話を **write down** する

手帳に上司の話を **take down** する

紙切れに部下の話を **put down** する

刑事は容疑者の口述を **take dictation** する

受験生は申込用紙に **fill in** する

試験問題の空欄に **fill out** する

書類に必要事項を **write in** する

書類の記入項目を **write out** する

記入の間違いを **cross out** する

書類を上司に **hand in** する

書類を会社に **give in** する

書類を役所に **turn in** する

27

☐ take notes	ノートを取る
☐ jot down	すばやくメモを取る
☐ write down	を書きとめる
☐ take down	を書きとめる
☐ put down	を書きとめる
☐ take dictation	を書き取る (口述を)
☐ fill in	に書き込む
☐ fill out	に書き入れる
☐ write in	を書き込む
☐ write out	を全部書く
☐ cross out	消す (線を引いて)
☐ hand in	を手渡す
☐ give in	を提出する
☐ turn in	を提出する

調べる・探す

電話帳で電話番号を **look up** する

報告書に間違いがないかを **check over** する

事故の原因を **see into** する

倉庫の在庫を **search through** する

容疑者の人間関係を **check up on** する

尋問で容疑者を **work over** する

検討すべき問題点を詳しく **go into** する

帳簿の誤りを入念に **go over** する

山積みされた資料を **go through** する

提出された書類の要点を **look through** する

研究に必要な資料を **search for** する

くまなく資料を **make a search for** する

図書館で資料を **search out** する

インターネットで資料を **rake out** する

28

☐ look up	を調べる（単語・電話番号などを）
☐ check over	を調べる
☐ see into	を調べる
☐ search through	を調べる
☐ check up on	を調べ上げる
☐ work over	を徹底的に調べる
☐ go into	を調べる（詳しく）
☐ go over	を調べる（入念に）
☐ go through	を調べる（全体にわたって）
☐ look through	の要点を調べる
☐ search for	を探し求める
☐ make a search for	を探す
☐ search out	を探し出す
☐ rake out	を探し出す

出す・入る・いる

乗客、発車寸前の電車に **burst into** する

下車する乗客、満員電車から人を **crowd out** する

主婦、押し売りを家から **turn away** する

校長、不良を学校から **kick out** する

店長、迷惑な客を店から **cast out** する

スカウト、きれいな女性を **hold back** する

友人たちを飲み屋の中に **turn in** する

友人の一人は飲み屋の中に **keep out of** する

病人、病室の中に **stay in** する

院長、患者を病室に **keep in** する

誘拐犯、人質を部屋に **lock in** する

警察、報道機関を **keep out** する

囚人、牢獄に **go into** する

看守、囚人を外に **let out** する

29

☐ burst into	におどり込む
☐ crowd out	を押し出す
☐ turn away	を追い払う
☐ kick out	を追い出す
☐ cast out	を追い出す
☐ hold back	を引き止める
☐ turn in	を中に入れる
☐ keep out of	の中に入らない
☐ stay in	の中にいる
☐ keep in	に閉じ込める
☐ lock in	を閉じ込める
☐ keep out	を中に入れない
☐ go into	に入る
☐ let out	を出してやる

進む

人が前方に **make one's way** する

人が目的に向かって **make toward** する

どんどん **pull ahead** する

果敢に **go ahead** する

休むことなく **move on** する

目指す目的のほうへ **make for** する

誰よりも **pass on** する

あとから来る者もその人に **keep up with** する

前にいる人を **get ahead of** する

けわしい山を **go over** する

障害を **get over** する

全員が同じ方向に **head for** する

時代に遅れずに **keep abreast of** する

努力を重ね **make progress** する

30

☐ make one's way	進む (人が)
☐ make toward	に向かって進む
☐ pull ahead	前へ進む
☐ go ahead	前進する
☐ move on	どんどん進む
☐ make for	のほうへ進んでいく
☐ pass on	先へ進んでいく
☐ keep up with	に遅れずについていく
☐ get ahead of	を追い越す
☐ go over	を越える
☐ get over	を乗り越える
☐ head for	に向かう
☐ keep abreast of	についていく (時代や進歩に遅れず)
☐ make progress	進歩する

去る

娘、部屋から **get out of** する

主婦、買い物で **go out** する

主人、タバコを買いに **step out** する

女、静かに **go away** する

男、あわただしく **get away** する

恋人、涙を流し **turn away** する

彼女、プンプンして **run along** する

彼氏、肩を落とし **go off** する

泥棒、家から **sneak away** する

ストーカー、人に見られ **walk off** する

万引き犯、スーパーから **make away** する

殺人犯、現場から **dash off** する

犯人、人に見つかり **run away** する

逃亡者、人ごみから **run off** する

31

☐ **get out of**	から出ていく
☐ **go out**	外出する
☐ **step out**	ちょっと外に出る
☐ **go away**	立ち去る
☐ **get away**	立ち去る
☐ **turn away**	立ち去る（向きを変えて）
☐ **run along**	立ち去る
☐ **go off**	立ち去る
☐ **sneak away**	こっそり立ち去る
☐ **walk off**	急に歩き去る
☐ **make away**	急いで立ち去る
☐ **dash off**	大急ぎで去る
☐ **run away**	走り去る
☐ **run off**	走り去る

取る

ネクタイを **take off** する

棚から花びんを **bring out** する

電話の受話器を **pick up** する

海岸で貝を **take up** する

会議で重要議題を **take up** する

テストで満点を **get full marks** する

コンテストで1等を **win first prize** する

人に奪われたものを **get back** する

勉強の遅れを **catch up on** する

通行人からお金を **strip of** する

債務者から権利を **take away** する

自分に必要なものを **come by** する

必要な資源を **get possession of** する

他国の領土を **take possession of** する

32

☐ take off	を取る
☐ bring out	を取り出す
☐ pick up	を取り上げる
☐ take up	を取り上げる
☐ take up	を取り上げる (問題などを)
☐ get full marks	満点を取る
☐ win first prize	1等を取る
☐ get back	を取り戻す
☐ catch up on	を取り戻す (遅れ・不足などを)
☐ strip of	から奪う
☐ take away	を奪う
☐ come by	を手に入れる
☐ get possession of	を手に入れる
☐ take possession of	を手に入れる

止める

怪我の痛みを **kill the pain** する

水中で息を **hold one's breath** する

タバコを思いきって **give up** する

仕事を突然 **stop short** する

相手の話を **cut short** する

会議を途中で **break off** する

結婚の申し出を **turn down** する

二人の交際を **break in** する

二人の結婚を **set back** する

なんだかんだと仕事の **get in the way** する

進行中の計画を **hold up** する

会社の営業を **interfere with** する

麻薬の輸入を **put a ban on** する

自由化で古い規制を **do away with** する

33

☐ kill the pain	痛みを止める
☐ hold one's breath	息を止める
☐ give up	をやめる（習慣などを）
☐ stop short	を急にやめる
☐ cut short	をさえぎる
☐ break off	を中断する
☐ turn down	を断る（申し出などを）
☐ break in	の邪魔をする
☐ set back	をさまたげる
☐ get in the way	邪魔をする
☐ hold up	を阻止する（進行・行動などを）
☐ interfere with	を妨害する
☐ put a ban on	を禁止する（法的に）
☐ do away with	を廃止する（法律・規則などを）

使う

公共施設を有効に**put to use**する

図書館を頻繁に**make use of**する

またとない機会を**make the best use of**する

与えられた機会を**take advantage of**する

空き缶は灰皿の**do for**する

木の箱は椅子の**do duty for**する

新車が買えないので中古車で**make do with**する

ボイスレコーダーは英会話の勉強に**make for**する

偽造のパスポートが海外で**pass as**する

使える材料を**pick out**する

必要な材料を急いで**throw together**する

器材を用途別に**sort out**する

機械を使いやすく**improve on**する

不用なガラクタを**lay down**する

34

☐ put to use	利用する
☐ make use of	利用する（活用・使用する）
☐ make the best use of	最大限に利用する
☐ take advantage of	をうまく使う（チャンスなどを）
☐ do for	の代わりをする
☐ do duty for	の代わりになる
☐ make do with	で間に合わせる
☐ make for	に役立つ
☐ pass as	で通用する（偽物などが）
☐ pick out	を選び出す
☐ throw together	を寄せ集める
☐ sort out	を選り分ける
☐ improve on	を改良する
☐ lay down	を捨てる

離す

壁紙を強引に **tear off** する

カーテンの布を細かく **tear up** する

ふとんをナイフで **rip off** する

恋人の二人を無理に **tear away** する

喧嘩している二人を **pull apart** する

しつこい押し売りを **drive off** する

仕事の持ち場から **break away from** する

緊急な用事でその場から **draw away from** する

幽霊の出る屋敷に **stay away from** する

危険な場所に **keep away from** する

地雷のある場所に **keep off** する

暗い通りを **keep from** する

距離をおいてその場から **stand away** する

遠巻きにその場から **stand off** する

35

☐ tear off	を引きはがす
☐ tear up	を細かく引き裂く
☐ rip off	をずたずたに裂く
☐ tear away	を引き離す
☐ pull apart	を引き離す
☐ drive off	を追い払う
☐ break away from	から離れる
☐ draw away from	から急に離れる
☐ stay away from	に寄りつかない
☐ keep away from	に近づかない
☐ keep off	に近づかない
☐ keep from	を避ける
☐ stand away	離れている
☐ stand off	から離れている

壊す

結んだひもが **come untied** する

ロープがゆるんで **come undone** する

暴風雨で窓枠が **come off** する

何百年もたった難破船が **come apart** する

落下した機体が **fall apart** する

地震で家屋が **fall down** する

古い城壁が **fall in** する

空爆で建物が **give way** する

太い木を **cut down** する

組み立てた家具を **break up** する

不要な家具を **break down** する

会場のディスプレイを **break away** する

改築のため家を **pull down** する

老朽化したビルを **tear down** する

36

☐ come untied	ほどける
☐ come undone	ほどける
☐ come off	はずれる
☐ come apart	ばらばらになる（ひとりでに壊れて）
☐ fall apart	ばらばらに壊れる
☐ fall down	崩れる（建物などが）
☐ fall in	崩れ落ちる（屋根・壁などが）
☐ give way	崩壊する（物が）
☐ cut down	を切り倒す
☐ break up	をばらばらにする
☐ break down	を壊す
☐ break away	を取り壊す
☐ pull down	を取り壊す（家屋などを）
☐ tear down	を取り壊す（建物などを）

第3章

社会生活と人生

自然

空は暗く **cloud over** する

厚い雲は山を **cover up** する

吹き荒れた風が **die down** する

激しい嵐も次第に **die away** する

降りつづいた雨が **leave off** する

台風が過ぎ去ってあたりが **calm down** する

太陽が雲間から **come out** する

雲がなくなり空が **clear up** する

蒸し暑い夏が **come on** する

照りつける太陽は沼地を **dry up** する

夏至が過ぎて日が次第に **close in** する

海水は時間をかけて岩を **eat away** する

新しい芽が地面から **stick out** する

花はかんばしい匂いを **give off** する

37

☐ cloud over	雲でおおわれる
☐ cover up	をすっかり包む
☐ die down	弱まる (風・音などが)
☐ die away	次第に弱まり消える
☐ leave off	やむ (雨などが)
☐ calm down	静まる
☐ come out	現れる
☐ clear up	晴れる (天気が)
☐ come on	やってくる (季節・嵐などが)
☐ dry up	干上がらせる
☐ close in	次第に短くなる (日が)
☐ eat away	を侵食する
☐ stick out	突き出る
☐ give off	を出す (熱・光などを)

物

燻製にされた肉は **go a long way** する

夏は食べ物がすぐ **go bad** する

液体がグラスに **fill up** する

液体が容器から **run over** する

薬がよく **take effect** する

洗濯物が雨に **get wet** する

チューインガムが服に **stick to** する

服とアクセサリーが **go together** する

服のひじの部分が **wear away** する

靴の底が **wear off** する

机は意外とスペースを **take up** する

電車が駅で **draw up** する

エンジンがガス欠で **cut out** する

船が氷山にぶつかり **go down** する

38

☐ go a long way	長持ちする
☐ go bad	悪くなる
☐ fill up	いっぱいになる
☐ run over	あふれる
☐ take effect	効く (薬が)
☐ get wet	濡れる
☐ stick to	くっつく
☐ go together	つりあう
☐ wear away	すり減る
☐ wear off	すり減る
☐ take up	をとる (場所・時間などを)
☐ draw up	止まる (乗り物が)
☐ cut out	突然止まる (エンジンなどが)
☐ go down	沈む (船が)

人

運動会の行進で、みんなと **keep pace with** する

遠足の山登りで、みんなより **fall behind** する

不慣れな道で、目的地を **go too far** する

上下関係で、年下の自分が **draw away** する

大道芸の見物で、人ごみの中に **edge in** する

派手な格好で、人より **stand out** する

危ない場所で、子供たちを **stand over** する

場末のスナックで、迷惑な客を **send away** する

深夜の自宅で、娘の帰りを **wait up for** する

いやな仕事で、適当に **play at** する

楽しいゲームで、最後まで **play out** する

ピアノのレッスンで、技術を **polish up** する

たゆまぬ努力で、目標に **make it** する

強靭な精神力で、限界を **go beyond** する

39

☐ keep pace with	足並みをそろえる
☐ fall behind	より遅れる
☐ go too far	行きすぎる
☐ draw away	引き下がる
☐ edge in	じりじりと割り込む
☐ stand out	目立つ
☐ stand over	をそばに立って監視する
☐ send away	を追い払う
☐ wait up for	を寝ないで待つ
☐ play at	を遊び半分にする
☐ play out	を最後までやり抜く (競技・ゲームなどを)
☐ polish up	を上達させる
☐ make it	に達する
☐ go beyond	を越える

女子生徒

女子生徒は教室をあちこち **get around** する

ドタバタと **run about** する

キャーキャー言って **romp about** する

馬鹿なことをして **fool around** する

満点の答案用紙を **trot out** する

彼氏からのラブレターを **show off** する

みんなの注意を **come to notice** する

しばしの休み時間を **have fun** する

授業の準備を **prepare for** する

昼休みに部室で **take a nap** する

夏期の短期交換留学を **make an application** する

某女子大学への受験を **apply for** する

願書を大学に **send in** する

学校生活が嫌になり **drop out** する

40

☐ get around	を動きまわる
☐ run about	を走りまわる
☐ romp about	はしゃぎまわる
☐ fool around	ふざける
☐ trot out	を見せびらかす
☐ show off	をひけらかす
☐ come to notice	注意を引く
☐ have fun	を楽しむ (物事を)
☐ prepare for	の準備をする
☐ take a nap	昼寝をする
☐ make an application	を申し込む
☐ apply for	を申し込む
☐ send in	を提出する
☐ drop out	中途退学する

勉強

教科書を **flip through** する

教科書に **look over** する

試験に出そうなところに **run through** する

参考書に **run over** する

ボロボロになるほど教科書を **read up on** する

声に出して **read out** する

時間をかけて **read through** する

何度も教科書を **read over again** する

教科書の説明の意味を **catch on to** する

教科書の内容を **take in** する

学校で試験を **go in for** する

テストの問題を **skim through** する

ひと通り問題に **take a look** する

書き終えた答案用紙に **glance over** する

41

☐ **flip through**	をパラパラめくる
☐ **look over**	に目を通す
☐ **run through**	にざっと目を通す
☐ **run over**	にざっと目を通す
☐ **read up on**	をよく読んで勉強する
☐ **read out**	を読みあげる
☐ **read through**	を通読する
☐ **read over again**	を読み返す
☐ **catch on to**	を理解する
☐ **take in**	を理解する
☐ **go in for**	を受ける (試験などを)
☐ **skim through**	をざっと見る
☐ **take a look**	に目を通す
☐ **glance over**	にざっと目を通す

近所

近所の子供を集めて絵本を **read out** する

近所のおじいちゃんの具合を **ask after** する

近所のうるさいピアノの練習を **pass over** する

近所の子供のいたずらを **let by** する

近所の家庭内暴力を **wink at** する

近所のご主人の浮気を **cut dead** する

近所の夫婦喧嘩を **look on** する

近所のごたごたの事態を **keep track of** する

近所の奥さんの干渉を **put up with** する

近所のもめごとに **have had it** する

近所の馬鹿騒ぎに **get sick of** する

近所の人々を **look down on** する

近所の人間関係が **change for the worse** する

近所の環境が嫌で **move out** する

42

☐ read out	を読んで聞かせる
☐ ask after	を尋ねる（病気の具合などを）
☐ pass over	を大目に見る
☐ let by	を大目に見る
☐ wink at	見て見ぬふりをする
☐ cut dead	知らないふりをする
☐ look on	を傍観する
☐ keep track of	を見守る
☐ put up with	を我慢する
☐ have had it	うんざりする
☐ get sick of	にうんざりする
☐ look down on	を見下す
☐ change for the worse	悪化する
☐ move out	引っ越していく

訪問

親戚の家に **come by** する

上司の家に **stop by** する

恋人のマンションに **drop in at** する

友人のアパートに **call in at** する

約束もなく彼女を **drop in on** する

友人宅に数人で **burst in on** する

同僚の家を **come around** する

知人の家を **call at** する

休日に知人を **call on** する

友人が偶然に我家に **come along** する

来客を家の中へ **let in** する

来客に邸内を **show around** する

来客は我家に **stay with** する

来客は一晩だけ **stay overnight** する

43

☐ come by	に立ち寄る
☐ stop by	に立ち寄る
☐ drop in at	にちょっと立ち寄る
☐ call in at	にちょっと立ち寄る
☐ drop in on	を不意に訪れる
☐ burst in on	に押しかける (人のところに)
☐ come around	訪問する (ぶらりと)
☐ call at	を訪問する (家を)
☐ call on	を訪問する (人を)
☐ come along	やってくる (偶然に)
☐ let in	を中へ入れる (人・動物を)
☐ show around	を案内する
☐ stay with	に泊まる (個人の家に)
☐ stay overnight	一泊する

生活

人手に渡った土地を **buy back** する

建築士に頼んで家の **lay out** する

その土地に家を **put up** する

仮住まいから新居に **move in** する

夫は家族を **provide for** する

妻は赤ちゃんの **take care of** する

母は子供の **look out for** する

家族は両親の **look after** する

飼い主は犬の **see after** する

裕福な金持は **live high** する

上司は部下を自宅に **have in** する

主婦は友人をお茶に **ask over** する

来客を中へ **show in** する

遠方からの来客を一晩 **put up** する

44

☐ buy back	を買い戻す
☐ lay out	の設計をする (建物・庭などの)
☐ put up	を建てる
☐ move in	に入居する
☐ provide for	を養う (家族などを)
☐ take care of	の世話をする
☐ look out for	の世話をする
☐ look after	の世話をする
☐ see after	の世話をする
☐ live high	ぜいたくな生活を送る
☐ have in	を招く
☐ ask over	を招待する
☐ show in	を通す (来客などを中へ)
☐ put up	を泊める (人を)

生計

内職の仕事で **live by** する

地味な内職で **cash in on** する

そのささやかな収入で **make the best of** する

支出を極力 **cut short** する

インスタントラーメンだけを食べて **live on** する

こつこつとお金を **lay aside** する

節約してお金を **save up** する

今までの借金を **pay out** する

無理して借金を **pay back** する

ようやく借金を **pay off** する

銀行からお金を **draw out** する

購入した冷蔵庫の代金を **pay for** する

全額 **pay in cash** する

借金がいやで全額 **pay down** する

45

☐ live by	で生計を立てる
☐ cash in on	で利益を得る
☐ make the best of	なんとかやりくりする
☐ cut short	を切り詰める
☐ live on	だけを食べて生きていく
☐ lay aside	をたくわえる
☐ save up	貯め込む
☐ pay out	を少しずつ支払う
☐ pay back	を返済する
☐ pay off	を全部払う (借金などを)
☐ draw out	を引き出す
☐ pay for	の代金を払う
☐ pay in cash	現金で支払う
☐ pay down	を即金で払う

旅行の準備

1年ぶりに **make a journey** する

旅先のホテルを **see about** する

予約したチケットを **go for** する

出発の日を **look forward to** する

旅行前日に荷物の **make arrangements for** する

旅行に必要な荷物を **pack up** する

スーツケースに衣類を **put in** する

無理して荷物を **pack in** する

ぎゅうぎゅうに荷物を **cram into** する

チケットの日付を **make sure of** する

戸締りで窓をすべて **shut up** する

ワクワクして楽しい旅に **go on** する

旅行を **have a good time** する

豪華なホテルの部屋で **make oneself at home** する

46

☐ make a journey	旅行する
☐ see about	を手配する
☐ go for	を取りにいく (買いに・呼びに)
☐ look forward to	を楽しみに待つ
☐ make arrangements for	の準備をする
☐ pack up	荷物をまとめる
☐ put in	を入れる
☐ pack in	を押し込む
☐ cram into	を詰め込む
☐ make sure of	を確かめる
☐ shut up	を閉め切る (部屋などを)
☐ go on	に出る (旅などに)
☐ have a good time	楽しく過ごす
☐ make oneself at home	くつろぐ

旅行

待ちに待った旅行に **set out** する

アメリカに向けて **set off** する

成田空港から飛行機が **get off** する

飛行機が滑走路を **take off** する

飛行機がサンフランシスコに **get to** する

滑走路に無事 **touch down** する

シャトルバスが乗客を **pick up** する

大陸横断列車がニューヨークに向け **draw out** する

気ままな旅で小さな町に **stop off** する

美しい町々に **lay over** する

停車していた列車が **pull out** する

列車は終着駅に **pull in** する

ニューヨークでしばらく **stop over** する

2週間が過ぎてアメリカから **get back from** する

47

☐ set out	出発する (旅行に)
☐ set off	出発する (旅行に)
☐ get off	出発する
☐ take off	離陸する (飛行機が)
☐ get to	に到着する
☐ touch down	着陸する
☐ pick up	を乗せる (乗り物が客を)
☐ draw out	出発する (列車などが)
☐ stop off	途中下車する
☐ lay over	途中下車する
☐ pull out	駅を出る (列車などが)
☐ pull in	駅に到着する (列車などが)
☐ stop over	しばらく滞在する
☐ get back from	から戻る

誘惑

A子は繁華街に **go downtown** する

にぎやかな街を **go about** する

ブロックの一角を **go around** する

若い男がA子に **go up to** する

つかつかとA子に **walk up to** する

しつこくA子に **tag on to** する

A子は男から **shrink from** する

男はA子を路地に **draw in** する

A子は説得されて男と **go along with** する

不安を持ちながら男と **go with** する

男は自分のマンションに **usher in** する

A子は恐る恐る部屋に **get into** する

リビングルームの中に **walk in** する

しかし怖くなって部屋から **come out of** する

48

☐ **go downtown**	街に出る
☐ **go about**	あちこち歩きまわる
☐ **go around**	のまわりをまわる
☐ **go up to**	に歩み寄る
☐ **walk up to**	に近づく
☐ **tag on to**	につきまとう
☐ **shrink from**	から尻込みする
☐ **draw in**	を引き入れる
☐ **go along with**	といっしょに行く
☐ **go with**	といっしょに行く
☐ **usher in**	を案内して中へ通す
☐ **get into**	の中に入る
☐ **walk in**	に入る
☐ **come out of**	から出てくる

酒場での会話

会社員は同僚に自分の実績を **boast about** する

自分の成功談を **play up** する

美人の恋人のことを **speak fondly of** する

仕事のミスを **make an excuse** する

自分の誤りを **explain away** する

上司の不倫の噂を **talk about** する

あることないこと **talk big** する

嫌いな上司を **speak ill of** する

上司の能力を **run down** する

めちゃくちゃに **cut up** する

同じことを **harp on** する

同僚を無視して一方的に **talk at** する

なんだかんだと同僚に **take it out on** する

同僚は辟易して **keep silent** する

49

☐ boast about	を自慢する
☐ play up	を大げさに言う
☐ speak fondly of	をのろける
☐ make an excuse	言い訳する
☐ explain away	を弁明する
☐ talk about	の噂をする
☐ talk big	ホラを吹く
☐ speak ill of	を悪く言う
☐ run down	をけなす
☐ cut up	をさんざんけなす
☐ harp on	をくどくどと言う
☐ talk at	にしゃべりまくる (一方的に)
☐ take it out on	に八つ当たりする
☐ keep silent	口をとざす

お見合いパーティー

お見合いパーティーに若い男女が**get together**する

青年Aはそのパーティーに**show up**する

恋人を求めてパーティーに**take a hand in**する

青年Aは雑談に**take part in**する

会話のグループに**go in with**する

ちょっとおすましして**put on airs**する

派手なスーツで、みんなの中で**stand out among**する

青年Aはある女性を**pitch on**する

その女性のそばに**stand by**する

気さくに**have a conversation**する

自分のことについて**fill in on**する

そして交際を**ask for**する

床にしゃがみ**kneel down**し

女性にしつこく**keep after**する

50

☐ get together	集まる (会合・社交などで)
☐ show up	顔を出す (集まりなどに)
☐ take a hand in	に参加する
☐ take part in	に参加する
☐ go in with	仲間に加わる
☐ put on airs	気取る
☐ stand out among	の中で目立つ
☐ pitch on	を選ぶ
☐ stand by	そばに立つ
☐ have a conversation	談話する
☐ fill in on	について詳しく話す
☐ ask for	を求める
☐ kneel down	ひざまずく
☐ keep after	にしつこく迫る

デート

A氏は彼女をデートに **ask out** する

約束して渋谷で彼女と **meet with** する

彼女は恥ずかしさから **look down** する

A氏は彼女に **smile at** する

彼女も優しく **give a smile** する

A氏は頭をかき **give a shy look** する

彼女はA氏のあとに **tag along** する

しばらくして彼女はA氏に **snuggle up to** する

A氏は彼女の話に **listen to** する

意識を集中して話に **give ear to** する

顔を近づけて話を **listen for** する

緊張が解けてデートに **get used to** する

気持ちが通いA氏は彼女と **take liberties with** する

A氏は彼女の唇に **give a kiss** する

51

□ ask out	を誘う（映画・食事などに）
□ meet with	と会う（約束して）
□ look down	目を伏せる
□ smile at	に微笑みかける
□ give a smile	にっこりする
□ give a shy look	はにかむ
□ tag along	についていく
□ snuggle up to	に寄りそう
□ listen to	に耳を傾ける
□ give ear to	に耳を傾ける
□ listen for	を聞こうと耳を澄ます
□ get used to	慣れる
□ take liberties with	となれなれしくする
□ give a kiss	にキスをする

恋愛

渋谷で理想の男性に **meet up with** する

赤い糸で結ばれた男性と **fall in with** する

素敵な男性と **get acquainted with** する

彼女は美男子の彼に **fall for** する

理想的な彼に **go for** する

彼と交際を **strike up** する

彼と **go around with** する

彼と **keep company with** する

頻繁に彼と **see much of** する

彼と気が合い **make friends with** する

日に日に彼女は彼と **get along with** する

同棲するほどに彼と **take up with** する

愛は二人を **bring together** する

恋愛は二人を **carry away** する

52

☐ meet up with	に偶然出会う
☐ fall in with	と偶然知り合いになる
☐ get acquainted with	と知り合う
☐ fall for	に一目惚れする
☐ go for	に惹かれる
☐ strike up	を始める（会話・交際などを）
☐ go around with	と付き合う
☐ keep company with	と付き合う
☐ see much of	とよく会う
☐ make friends with	と仲よくなる
☐ get along with	と仲よくやる
☐ take up with	と親しくなる
☐ bring together	を結び合わせる（特に男女を）
☐ carry away	を夢中にさせる

133

同棲

パーティーに招かれ **fix up** する

そのパーティーで美しい女性と **get to know** する

以来、彼女と **go with** する

彼女を食事によく **take out** する

やがて彼女に **fall in love with** する

しばらくして彼女と **live with** する

不要な電化製品を **trade in** する

部屋の中をけばけばしく **jazz up** する

生活に必要な品物を **lay in** する

やがて同棲生活に **get bored with** する

やむなく彼女と **break up with** する

彼女に与えた悲しみを **make up for** する

部屋の家具を全部 **give away** する

彼女にもらったプレゼントを **take back** する

53

☐ **fix up**	正装する
☐ **get to know**	知り合う
☐ **go with**	と付き合う（特に異性と）
☐ **take out**	を連れ出す（遊び・食事に）
☐ **fall in love with**	に恋する
☐ **live with**	と同棲する
☐ **trade in**	を下取りに出す
☐ **jazz up**	けばけばしく飾りつける
☐ **lay in**	を買いだめする
☐ **get bored with**	に飽きがくる
☐ **break up with**	と別れる
☐ **make up for**	をつぐなう
☐ **give away**	をただで与える（物を）
☐ **take back**	を返す

プロポーズ

彼氏から受けたプロポーズのことを **think of** する

プロポーズを受けるべきかどうかを **think over** する

昔の彼氏のことがふと **come across** する

昔の懐かしい記憶を **call up** する

今の彼氏と **compare with** する

どうしようか **think twice** する

学歴のことは **reckon without** する

今の彼氏のいいところを **see about** する

彼との結婚生活を **take to heart** する

結論が出るまで **think out** する

今の彼氏と結婚することが適当と **see fit** する

腹をくくり、結婚の覚悟を **prepare for** する

結婚の日取りをあれこれ **kick around** する

二人の将来のことを **look ahead** する

54

☐ think of	のことを考える
☐ think over	をよく考えてみる
☐ come across	ふと頭に浮かぶ
☐ call up	を呼び戻す
☐ compare with	と比較する
☐ think twice	ためらう
☐ reckon without	を考慮に入れない
☐ see about	を考えてみる
☐ take to heart	真剣に考える
☐ think out	を考え抜く (問題などを)
☐ see fit	適当と考える (〜することが)
☐ prepare for	の覚悟をする
☐ kick around	をあれこれ考える (計画などを)
☐ look ahead	将来のことを考える

浮気

A氏は恋人を **let down** する

別の女性と **have an affair** する

浮気がバレて彼女を **steam up** する

彼女は彼の裏切りに **take offense at** する

彼の移り気に **get angry with** する

彼女は彼と激しく **fall out with** する

彼は彼女に心から **make an excuse** する

彼女はグッと涙を **hold back** する

しかし目頭から **shed tears** する

自分の不幸を **cry over** する

オイオイと一晩中 **cry all night** する

彼とのツーショットの写真を **tear up** する

裏切られた彼女は彼と **break with** する

気持ちの冷めた彼女は彼を **throw over** する

55

☐ let down	を裏切る
☐ have an affair	浮気をする
☐ steam up	を激怒させる
☐ take offense at	に腹を立てる
☐ get angry with	に腹を立てる
☐ fall out with	と口喧嘩する
☐ make an excuse	詫びる
☐ hold back	をこらえる
☐ shed tears	涙を流す
☐ cry over	をなげいて泣く (不幸・失敗などを)
☐ cry all night	泣き明かす
☐ tear up	を破る (故意に)
☐ break with	と絶交する
☐ throw over	を捨てる (特に恋人を)

別れ

A子は彼氏の浮気の噂を **hear of** する

彼氏にメールして **get hold of** する

喫茶店で彼を **wait for** する

A子はイライラしながら彼氏を **sweat out** する

彼氏が来るなり彼を **come down on** する

彼はシラを切り彼女に **hold out on** する

彼女の追及を **laugh away** する

「浮気していない」と神にかけて **swear by** する

しかし証拠を見せられ **back off** する

彼女は興奮をこらえ **simmer down** する

話し合いで **have it out with** する

そして二人の関係を **wind up** する

彼からもらった指輪を **give back** する

A子は席を立ち **walk out** する

56

☐ hear of	を耳にする
☐ get hold of	に連絡を取る
☐ wait for	を待つ
☐ sweat out	をイライラしながら待つ
☐ come down on	を非難する
☐ hold out on	に隠しごとをする
☐ laugh away	を一笑に付す
☐ swear by	にかけて誓う
☐ back off	自分の非を認める
☐ simmer down	冷静になる
☐ have it out with	決着をつける
☐ wind up	を終わりにする
☐ give back	を返す
☐ walk out	急に出ていく (立腹して)

健康

男は徹夜続きで肉体を**wear out**する

しかしそれでも仕事を**keep up**する

目まいがして頭が**feel dizzy**する

男は1時間ほど**take a rest**する

ソファーに**sit back**する

背もたれに**lean against**する

肩をもみ**loosen up**する

男は生活を改めジョギングを**go in for**する

公園で軽い**take exercise**する

男は健康を気づかい**put in shape**する

仕事は無理をせず**take it easy**する

徐々に健康が**do well**する

それにつれて体重が**put on weight**する

しかしある日突然男は**pop off**する

57

☐ wear out	を疲れきらせる
☐ keep up	を続ける
☐ feel dizzy	くらくらする
☐ take a rest	休む
☐ sit back	深々と腰をかける
☐ lean against	にもたれる
☐ loosen up	体をほぐす
☐ go in for	を習慣にする(趣味・スポーツなどを)
☐ take exercise	運動をする
☐ put in shape	体調を整える
☐ take it easy	のんびりやる
☐ do well	回復する(健康が)
☐ put on weight	体重が増える
☐ pop off	ぽっくり死ぬ

病気

インフルエンザが地域全体に**go around**する

Ａ氏はゴホンゴホンと**give a cough**する

全身が激痛で体を**double up**する

激しい風邪で**come down with**する

体温が**go up**する

高熱がいつまでも**go on**する

口の中が**dry out**する

バサバサと髪の毛が**fall out**する

頭痛の苦しみに**hold out**する

妻は電話でホームドクターを**call in**する

医者は病人を**rake over**する

解熱剤をのみ熱が次第に**go down**する

Ａ氏は朦朧_{もうろう}とした状態から**come to**する

病状は峠を越え**change for the better**する

58

☐ go around	広がる (病気などが)
☐ give a cough	咳をする
☐ double up	体を折り曲げる
☐ come down with	で寝込む (病気などで)
☐ go up	上がる
☐ go on	続く
☐ dry out	すっかり乾く
☐ fall out	抜け落ちる (毛・歯などが)
☐ hold out	耐える
☐ call in	を呼ぶ (医者・専門家などを)
☐ rake over	を検査する
☐ go down	下がる
☐ come to	意識を取り戻す
☐ change for the better	好転する

習慣

A氏はタバコを1日1箱吸うように**take to**する

健康を考えタバコを**swear off**する

まずは徐々にタバコの量を**cut down on**する

吸いたいところを**go easy on**する

吸いたい邪念を**sweep away**する

吸わなくなるまでに**take time**する

A氏はついにタバコの誘惑に**prevail over**する

吸いたい欲望から**get loose**する

イライラもなくなり気持ちが**settle down**する

不調だった健康が**come around**する

禁煙後は健康に**give heed to**する

朝早く起きてジョギングを**make a practice of**する

朝のジョギングを休まず**hold on**する

気分を変えて新たにダンスを**kick off**する

59

☐ take to	をするようになる (習慣的に)
☐ swear off	を誓って断つ (酒・タバコなどを)
☐ cut down on	を減らす
☐ go easy on	を控えめにしておく
☐ sweep away	を一掃する
☐ take time	時間がかかる
☐ prevail over	に勝つ
☐ get loose	から解放される
☐ settle down	落ちつく
☐ come around	が回復する (健康・意識などが)
☐ give heed to	に注意する
☐ make a practice of	をすることにしている (習慣的に)
☐ hold on	続ける
☐ kick off	を始める (活動・仕事などを)

147

人生

A子は未婚で赤ちゃんを **give birth to** する

大切に赤ちゃんのことを **see to** する

必死に赤ちゃんを **bring up** する

赤ちゃんはすくすくと **grow up** する

出産後すぐに仕事を **keep on with** する

安い給料に **come to terms with** する

収入が少なくて安いアパートに **make a move** する

福祉の助けを **call for** する

月々の補助金を **figure on** する

好きなお酒も **go without** する

内職にこつこつと **plug away at** する

わずかなお金を少しずつ **set aside** する

将来のためにお金を **lay up** する

苦労の末にようやく子供は **come of age** する

60

☐ give birth to	を産む（子供を）
☐ see to	の面倒を見る
☐ bring up	を育てる
☐ grow up	成長する
☐ keep on with	をそのまま続ける
☐ come to terms with	に甘んじる
☐ make a move	移転する
☐ call for	を必要とする
☐ figure on	をあてにする
☐ go without	なしで済ます
☐ plug away at	に精を出す
☐ set aside	を取っておく
☐ lay up	を将来のためにたくわえる
☐ come of age	成年に達する

友人との関係

疑いを受けた友人を **cover up for** する

自分だけは友人の肩を **take sides with** する

不慮の災難で苦しむ友人に **sympathize with** する

気持ちを合わせ友人に **come around** する

喧嘩別れした友人と **make up** する

仲たがいしていた友人と **reconcile with** する

失っていた友人との信頼を **win back** する

選挙に立候補する友人を **stand by** する

みんなでその友人に **pull for** する

助けを求め友人に **lean on** する

経済的援助を友人に **turn on** する

子供の世話を友人に **draw on** する

結婚式の仲人を友人に **fall back on** する

親切な友人の援助を **count on** する

61

☐ cover up for	をかばう
☐ take sides with	の肩を持つ
☐ sympathize with	に同情する
☐ come around	同調する
☐ make up	仲直りする
☐ reconcile with	と和解させる
☐ win back	を取り戻す（愛情・失ったものなどを）
☐ stand by	を支援する
☐ pull for	に声援を送る
☐ lean on	に頼る
☐ turn on	に頼る
☐ draw on	に頼る
☐ fall back on	に頼る
☐ count on	をあてにする

負の人間関係

好きでもないのに愛している **make believe** する

人から援助を求められ **play along with** する

他人の意見を頑として **rule out** する

相手の言葉の意味を取り違え **take wrong** する

他人の批判でガックリと **look small** する

うまい話にうっかり **fall for** する

人の助言を **make light of** する

嫌いな同級生を **pick on** する

人に恥をかかせ **put to shame** する

虐待をして子供を **prey on** する

不快感を与え人に **put out** する

噂をまきちらし隣近所に **get into trouble** する

自分をバカにした人間に **have it in for** する

逆恨みからその相手に **get even with** する

62

☐ make believe	ふりをする
☐ play along with	に協力するふりをする
☐ rule out	を頑として認めない
☐ take wrong	誤解する
☐ look small	しょげる
☐ fall for	にだまされる (うまい話・宣伝などに)
☐ make light of	を軽視する
☐ pick on	をいじめる
☐ put to shame	恥ずかしい思いをさせる
☐ prey on	を苦しめる
☐ put out	に迷惑をかける (ふつう受け身で)
☐ get into trouble	ごたごたを起こす
☐ have it in for	に恨みを抱く
☐ get even with	に仕返しをする

成功者

A氏は大きな夢を持ち**think big**する

勇気を持って**face up to**する

恐れを克服し**stand up to**する

成功を得ようと**try for**する

いかなる苦難をも**get over**する

誰の助けも借りず**go it alone**する

明確な主義に従って**live up to**する

行動力を持って**put into practice**する

絶望的な困難を**ride out**する

立ちはだかる障害を**break through**する

きわどい危機も**pull through**する

絶対にあきらめず**follow out**する

絶対的な信念で目標を確実に**carry through**する

輝かしい成功は彼の名声を**do credit**する

63

☐ think big	でかいことをやろうとする
☐ face up to	大胆に立ち向かう
☐ stand up to	勇敢に立ち向かう
☐ try for	を得ようと努力する
☐ get over	を克服する
☐ go it alone	独力でやる
☐ live up to	に従って生活する (主義などに)
☐ put into practice	実行する
☐ ride out	を乗り越える (困難などを)
☐ break through	を突破する (障害などを)
☐ pull through	切り抜ける (危険・病気などから)
☐ follow out	を最後までやり通す
☐ carry through	やり遂げる
☐ do credit	名声を高める

内面

神の存在を **believe in** する

懐かしい昔を **look back** する

印象的な情景を **keep in mind** する

大切な思い出を心に **lock away** する

親切にしてくれる人を **think well of** する

怒りの感情を必死で **keep back** する

熱狂的な興奮から **cool down** する

いいアイデアを **think up** する

ふと名案を **come up with** する

何かの拍子に急に考えを **strike on** する

親友に自分の秘密を **lay bare** する

日頃の不満をふと **let drop** する

抑えていた怒りを **let loose** する

精神を病み気が触れ **go mad** する

64

□ believe in	を信じる (存在を)
□ look back	回顧する
□ keep in mind	心にとめておく
□ lock away	をしまっておく
□ think well of	をよく思う
□ keep back	を抑える
□ cool down	落ちつく
□ think up	を考え出す
□ come up with	を思いつく
□ strike on	を思いつく (急に)
□ lay bare	をいっさい打ち明ける
□ let drop	をふと漏らす
□ let loose	を爆発させる (怒りなどを)
□ go mad	発狂する

出来事①

痛ましい事故が **come about** する

面倒な出来事が **fall out** する

予期せぬ事件が **pop up** する

会場で催し物が **take place** する

空手の昇段試験が **come off** する

ささいな出来事が大きな問題を **give rise to** する

講演でスピーチをだらだらと **draw out** する

雨で遠足を **put over** する

台風で試合を **put off** する

暴風雨で屋外コンサートを **mess up** する

夏休みが終わり二学期が **get under way** する

仕事が順調に **come along** する

浮気がバレて険悪な状態に **fall into** する

イライラが続きヒステリーの状態に **go into** する

65

☐ come about	起こる
☐ fall out	起こる（物事が）
☐ pop up	突然持ち上がる（事件などが）
☐ take place	行われる
☐ come off	行われる
☐ give rise to	引き起こす
☐ draw out	を引き延ばす
☐ put over	を延期する
☐ put off	を延期する
☐ mess up	を台なしにする（計画などを）
☐ get under way	ようやく始まる
☐ come along	はかどる
☐ fall into	におちいる（ある状態に）
☐ go into	になる（ある状態に）

出来事②

書き下ろしの原稿。出版社で **come out** する

静まり返った会場。音楽で **jazz up** する

野球の対抗試合。楽々相手に **walk over** する

利害の対立。派閥が **split up** する

街角の喧嘩。相手を **take apart** する

突然のパンク。タイヤ交換で車を **jack up** する

駐車違反。レッカー車で **tow away** する

交通事故に遭遇。奇跡的に **walk away from** する

ビル火災。助けを求める人を **bring off** する

銀行強盗。お金を仲間と **go halves** する

被災地域。不測の事態に **provide against** する

放射能汚染。周辺の住民を **warn off** する

激しい戦闘。市街を **lay waste** する

核戦争。人類が **die out** する

66

☐ come out	出版される
☐ jazz up	を活気づける
☐ walk over	に楽勝する
☐ split up	分裂する
☐ take apart	こてんぱんにやっつける
☐ jack up	ジャッキで上げる
☐ tow away	レッカー車で車を撤去する
☐ walk away from	無傷で助かる
☐ bring off	を救助する（危険な場所から）
☐ go halves	分け合う
☐ provide against	備える
☐ warn off	を警告して遠ざける
☐ lay waste	荒廃させる（戦争などで）
☐ die out	絶滅する

受動態

私は、仕事で年中 **be tied up** する

私は、突然脅かされ **be taken aback** する

私は、1億円もする宝石を **be possessed of** する

私は、秘書の仕事に **be engaged in** する

私は、同じ食事に **be tired of** する

私は、彼のプレゼントを **be pleased with** する

私は、今の生活に **be satisfied with** する

私は、テレビゲームに **be absorbed in** する

私は、絵の制作に **be lost in** する

私は、親の健康を **be worried about** する

私は、娘の将来について **be concerned about** する

私は、教養のない自分を **be ashamed of** する

私は、会社のリストラに **be faced with** する

私は、偶然事件に **be involved in** する

67

□ be tied up	忙しい
□ be taken aback	びっくりする
□ be possessed of	を持っている
□ be engaged in	に従事している
□ be tired of	に飽きる
□ be pleased with	を気に入る
□ be satisfied with	に満足する
□ be absorbed in	に没頭している (一時的に)
□ be lost in	に没頭している
□ be worried about	を心配している
□ be concerned about	について心配している
□ be ashamed of	を恥ずかしく思う
□ be faced with	に直面している
□ be involved in	に巻き込まれる

抽象①

探偵は、その話が真実であることが **turn out** する

弁護人は、依頼主の代理を **stand in for** する

後妻は、夫の遺産を **sign away** する

債権者は、自分の権利を **lay claim to** する

科学者は、物質の構造を **break down into** する

宗教指導者は、新しい理念を **stand for** する

教祖の行動は、一つ一つ意味を **make sense** する

社員の努力は、倒産で **go for nothing** する

力のない人間は、権力に **give way to** する

企業は、若者の活力に **give an eye to** する

その本は、医学書の部類に **come under** する

その技術は、世界の水準に **measure up to** する

その服のデザインは、女らしさを **point up** する

その宣伝広告は、若者に絶大な **do good** する

68

☐ turn out	~であることがわかる
☐ stand in for	の代理を務める
☐ sign away	を署名して放棄する
☐ lay claim to	を主張する（権利・所有権などを）
☐ break down into	を分析する
☐ stand for	を提唱する（主義などを）
☐ make sense	意味をなす
☐ go for nothing	無駄に終わる
☐ give way to	に屈する
☐ give an eye to	に注目する
☐ come under	に入る（の部類に）
☐ measure up to	に達している（水準・基準などに）
☐ point up	を強調する
☐ do good	効果がある

抽象②

上司は、新入社員の意見を **play down** する

裁判官は、被告の事情を **make allowances for** する

権力者は、陰で **pull strings** する

闇の帝王は、世界を **get control of** する

♂の記号は、男を **stand for** する

喫煙は、肺ガンの **bring on** する

アルコールの取り過ぎは、体に **do harm** する

猛(たけ)り狂う嫉妬は、殺人の **give cause for** する

車の購入で、消費税を **figure in** する

メンバーの構成で、友人Aを **count in** する

話の説明で、ウサギとカメに **compare to** する

ドラマの制作で、ストーリーを **make up** する

あと1ヵ月で、契約の期限が **run out** する

マナーの低下で、規則を **lay down** する

69

☐ play down	をことさら軽視する
☐ make allowances for	を考慮する (事情などを)
☐ pull strings	糸を引く
☐ get control of	を支配する
☐ stand for	を表す
☐ bring on	の原因となる
☐ do harm	害になる
☐ give cause for	の動機となる
☐ figure in	を計算に入れる
☐ count in	を計算に入れる
☐ compare to	に例える
☐ make up	を構成する
☐ run out	切れる (期限などが)
☐ lay down	を定める (規則などを)

第4章

ビジネスと人間関係

ファッション

若い女性は、ファッションに **have a concern in** する

今、'80年代のファッションが **come back** する

懐かしいファッションが **catch on** する

20代の女性にそのファッションが **come in** する

女性はいっせいに流行に **snap up** する

流行に遅れずに **catch up on** する

最新の流行に **keep pace with** する

ファッション誌を見て **make like** する

流行のファッションは若い女性に **look well** する

女性を美しく **set off** する

茶髪のヘアと **tone in with** する

流行のファッションが社会に **take root** する

しかし新たな流行が静かに **come on** する

そして古い流行は **come to a close** する

70

☐ have a concern in	に関心がある
☐ come back	復活する (流行などが)
☐ catch on	流行する
☐ come in	流行する
☐ snap up	に飛びつく
☐ catch up on	に遅れずについていく (流行などに)
☐ keep pace with	についていく
☐ make like	まねをする
☐ look well	よく似合う
☐ set off	を引き立たせる
☐ tone in with	と調和する (色調などが)
☐ take root	根づく
☐ come on	始まる
☐ come to a close	終わる

マスコミ

マスコミは真実を人々に **let know** する

さまざまな情報を **give out** する

隠された真相を **bring out** する

現場での情報収集を **make a point of** する

記事にする前に事実を **bear out** する

絶えず情報源と **keep in touch with** する

10年先また20年先を **look beyond** する

弱い立場の市民の主張を **stand up for** する

内部の機密情報が **get out** する

政治家を容赦なく **tear apart** する

芸能人の不倫を **lay open** する

正義を装いながら記事を **trump up** する

巧みに言葉を操りながら記事を **give color to** する

悪意の記事が社会の混乱を **bring about** する

71

☐ **let know**	に知らせる
☐ **give out**	を公表する
☐ **bring out**	を明らかにする
☐ **make a point of**	を重視する
☐ **bear out**	を裏づける
☐ **keep in touch with**	と接触を保つ
☐ **look beyond**	先を読む
☐ **stand up for**	を支持する (人・主義などを)
☐ **get out**	外部に漏れる (秘密などが)
☐ **tear apart**	を酷評する
☐ **lay open**	を暴露する
☐ **trump up**	をでっちあげる (理由・口実などを)
☐ **give color to**	を真実らしく思わせる
☐ **bring about**	を引き起こす

仕事①

会社で **get to work** する

ぼちぼちと仕事に **get down to** する

机に向かい仕事に **set about** する

真剣に仕事に **go at** する

本腰を入れて仕事に **set to** する

バリバリと仕事に **pitch in** する

徐々に仕事の調子が **shape up** する

頑張って仕事を **carry on** する

疲れが出て仕事を **knock off** する

しばらく **take time out** する

休憩後は仕事を **go easy** する

退社時間が近づき仕事を **knock off** する

時間がきて仕事を **get through** する

やり残した仕事を **carry over** する

72

☐ **get to work**	仕事を始める
☐ **get down to**	に取りかかる (仕事などに)
☐ **set about**	に取りかかる
☐ **go at**	に取りかかる (真剣に仕事などに)
☐ **set to**	に本気で取りかかる (仕事などに)
☐ **pitch in**	にはりきって取りかかる (仕事などに)
☐ **shape up**	調子が出る (仕事などの)
☐ **carry on**	を続ける (仕事などを)
☐ **knock off**	を中断する (仕事などを)
☐ **take time out**	休憩する
☐ **go easy**	のんびり仕事をする
☐ **knock off**	を手早く片づける (仕事などを)
☐ **get through**	終える (仕事などを)
☐ **carry over**	を持ち越す

仕事②

社員、会社の顧客に **wait on** する

顧客の帰ったあとネクタイを **ease off** し

タバコを **have a smoke** する

タバコを床に捨て **stamp out** する

業界誌を **turn over** する

ハサミで重要な記事を **cut out** する

コンピューターに情報を **read in** する

コンピューターで書類を **top off** する

社外秘の情報を **read out** する

会議に必要な書類を **make a copy** する

郵送物を各支店に **send off** する

仕事が山のようにあり **work overtime** する

ヘトヘトに体を **take it out of** する

適当に仕事を **cut corners** する

73

☐ wait on	に対応する (客に)
☐ ease off	をゆるめる
☐ have a smoke	一服する
☐ stamp out	を踏み消す (火などを)
☐ turn over	をめくる
☐ cut out	を切り抜く
☐ read in	コンピューターに読み込む
☐ top off	を仕上げる
☐ read out	コンピューターから取り出す
☐ make a copy	コピーを取る
☐ send off	を発送する
☐ work overtime	残業する
☐ take it out of	ひどく疲れさせる
☐ cut corners	手を抜く

仕事 ③

取引先からメールで **hear from** する

緊急な用件で会社に **get in touch with** する

急用ができたのでアポを **call off** する

自分の考えを顧客に **put across** する

得意先からの無理な仕事を **take in hand** する

多忙な得意先に **give a hand** する

困っている会社に協力を **make an offer** する

赤字の会社に資金的な援助を **come forward** する

以前交わした約束を **make good** する

たまった仕事を一気に **dash off** する

集中力をなくし仕事で **make a mistake** する

同期入社の同僚と仕事で **vie with** する

甘い見込みで計画が **fall through** する

千載一遇のビジネスチャンスを **pass up** する

74

☐ hear from	から連絡をもらう（手紙・電話などで）
☐ get in touch with	に連絡する
☐ call off	を取り消す（約束などを）
☐ put across	をうまく伝える（考えなどを）
☐ take in hand	を引き受ける（仕事などを）
☐ give a hand	手を貸す
☐ make an offer	申し出る
☐ come forward	申し出る
☐ make good	を果たす（約束などを）
☐ dash off	を一気にやる
☐ make a mistake	間違いをする
☐ vie with	と張り合う
☐ fall through	失敗に終わる（計画などが）
☐ pass up	を逃す（チャンスなどを）

ビジネスマン

ビジネスマンは営業の仕事に **engage in** する

会社の規則を **keep to** する

自分の信念に従って **go by** する

前任者からの仕事を **take on** する

夜遅くまで会社に **stay on** する

従来の営業計画を **think about** する

一度白紙に戻して計画を **help out** する

上司に提出する書類を **make out** する

得意先への訪問の日取りを **fix up** する

巨大プロジェクトで相手方と **talk business with** する

相互の合意を取りつけ **make a deal with** する

正式に先方の会社と **make a contract with** する

会社の業績に貢献し **move up** する

セクハラ問題が発覚し **move down** する

75

☐ engage in	に従事する
☐ keep to	を守る
☐ go by	に従って行動 (判断) する
☐ take on	を引き受ける (仕事などを)
☐ stay on	居残る
☐ think about	を検討する
☐ help out	を考え出す (計画などを)
☐ make out	を作成する (書類・リストなどを)
☐ fix up	を取り決める (日取り・条件などを)
☐ talk business with	と商談する
☐ make a deal with	と商談をまとめる
☐ make a contract with	と契約を結ぶ
☐ move up	昇進する
☐ move down	降格する

会議

社長が会議を **call a meeting** する

部長が会議の **preside over** する

けわしい表情の社長が **lead off** する

単刀直入に **get to the point** する

会社の業績悪化に **refer to** する

業績悪化の理由を **account for** する

会社の業績内容を詳しく **give an account of** する

その打開の改革案を **make a proposal** する

部下が **make a comment** する

腹を割って問題点を **thrash out** する

議論の結論が出ず **drag on** する

しばらく **take a break** する

議論がまとまり意見が **agree with** する

社長の合意で **get together on** する

76

☐ call a meeting	会議を招集する
☐ preside over	の司会をする（会議などの）
☐ lead off	口火を切る
☐ get to the point	本題に触れる
☐ refer to	に言及する
☐ account for	の理由を説明する
☐ give an account of	を説明する
☐ make a proposal	提案する
☐ make a comment	意見を述べる
☐ thrash out	徹底的に議論する
☐ drag on	だらだらと長引く
☐ take a break	休憩する
☐ agree with	が一致する
☐ get together on	意見が一致する

有能な上司

有能な上司は部下と **keep in with** する

部下の能力を正しく **size up** する

部下を精一杯 **cheer up** する

部下の頼みごとを **do a favor** する

部下の話を最後まで **hear out** する

部下の失敗を **stick up for** する

部下の努力を **talk up** する

仕事の進行について **ask about** する

営業実績に **touch on** する

尻込みする部下を **bring around** する

仕事の問題点を **point out** する

部下に対する不満の感情を **hold in** する

部下の無能ぶりを **bear with** する

部下の失態を最後まで **sweat it out** する

77

☐ keep in with	と仲よくやっていく
☐ size up	を評価する（人・価値などを）
☐ cheer up	を励ます
☐ do a favor	を聞いてあげる（頼みごとを）
☐ hear out	を最後まで聞く（人の話を）
☐ stick up for	を弁護する
☐ talk up	をほめあげる
☐ ask about	について尋ねる
☐ touch on	に軽く言及する
☐ bring around	を説得する
☐ point out	を指摘する
☐ hold in	を抑える（感情などを）
☐ bear with	を我慢する
☐ sweat it out	最後まで我慢する（嫌なことを）

有能な部下

有能な部下は上司と**get on with**する

プラスの部分に目を向け上司を**take to**する

上司の人柄を**take a liking to**する

上司を心から**look up to**する

対立する派閥で上司の味方に**come over**する

上司の考えに**go for**する

上司を心から**prop up**する

上司とうまく協力して**pull together with**する

上司の言うことを**swear by**する

自分自身でやる気を**work up**する

仕事をガンガンと**keep it up**する

できることを精一杯**make an effort**する

日々続く残業を**make nothing of**する

ついに営業目標を**go through with**する

78

☐ get on with	と仲よくする
☐ take to	を好きになる
☐ take a liking to	を好きになる
☐ look up to	を尊敬する
☐ come over	味方につく (敵方から)
☐ go for	に賛成する
☐ prop up	を支える
☐ pull together with	と協力してやっていく
☐ swear by	を信じきる
☐ work up	をあおる (興味・熱意などを)
☐ keep it up	頑張る
☐ make an effort	努力する
☐ make nothing of	を苦にしない
☐ go through with	を成し遂げる

無能な上司

無能な上司は部下の仕事にいちいち**interfere in**する

できもしない無理なことを**ask too much**する

なんだかんだと部下を**get around**する

無理やり部下を**prevail on**する

眉間にしわを寄せ**rap out**する

部下の人格を**sell short**する

部下をさげすみ**make a fool of**する

部下を馬鹿にし人格を**talk down**する

部下の無能ぶりを口に出し**talk up**する

フロア全体に聞こえるよう**speak out**する

軽蔑した目で**talk down to**する

有無を言わさず**talk around**する

部下の能力を**get wrong**する

勝手に能力ある部下を**give up on**する

79

☐ interfere in	に口出しする
☐ ask too much	無理なことを頼む
☐ get around	を説き伏せる
☐ prevail on	を説き伏せる
☐ rap out	厳しい口調で言う
☐ sell short	を見下す
☐ make a fool of	を馬鹿にする
☐ talk down	をけなす
☐ talk up	はっきりと言う
☐ speak out	大きな声で話す
☐ talk down to	に見下した態度で話す
☐ talk around	を説得して従わせる
☐ get wrong	を誤解する
☐ give up on	を見限る

部長

部長は会議室で社長と **make arrangements with** する

言葉たくみに社長の機嫌を **play up to** する

社長の経営手腕を **speak well of** する

なんだかんだと社長を **lay it on thick** する

ごきげんをとり社長に **make up to** する

上きげんの社長に業績の問題を **bring up** する

自分の考えを **come out** する

業績の悪化を部下のせいに **lay the blame on** する

社長の反論に **talk back** する

社長の指示に **go against** する

社長の一喝に **pipe down** する

社長の考えを **get it** する

社長の説得に **give in to** する

社長の意見に **agree to** する

80

☐ make arrangements with	と打ち合わせをする
☐ play up to	の機嫌を取る
☐ speak well of	をよく言う
☐ lay it on thick	べたべたほめる
☐ make up to	にへつらう
☐ bring up	を持ち出す（議題・問題などを）
☐ come out	自分の考えを明らかにする
☐ lay the blame on	のせいにする（罪・責任などを）
☐ talk back	口答えする
☐ go against	に逆らう
☐ pipe down	黙る
☐ get it	理解する
☐ give in to	に屈服する
☐ agree to	に同意する

ビジネス

A氏は独立する機会に **have a chance to** する

思いきってビジネスを **give a try** する

ビジネスが面白く **go crazy** する

気のゆるみからチャンスを **let slip** する

それ以後は何をしても **go wrong** する

多くの苦労を **go through** する

いろいろな困難を **pass through** する

ついにビジネスから **fall behind** する

夢を捨てきれずビジネスを **do over** する

無理をせず **get along** する

厳しい状態から **get rid of** する

仕事が徐々に **come off** する

苦労の末にビジネスが **get ahead** する

ついに自分の夢が **come true** する

81

☐ have a chance to	～する機会に恵まれる
☐ give a try	やってみる
☐ go crazy	夢中になる
☐ let slip	を逃す（機会などを）
☐ go wrong	うまくいかない
☐ go through	を経験する（苦労などを）
☐ pass through	を経験する（危機・困難などを）
☐ fall behind	落伍する
☐ do over	をやり直す
☐ get along	なんとかやっていく
☐ get rid of	から抜け出す
☐ come off	うまくいく（計画などが）
☐ get ahead	成功する
☐ come true	実現する（夢などが）

開業

会社を辞めて自分で **go into business** する

親戚から資金を **scare up** する

繁華街に店を **open up** する

製造業者に商品を **send for** する

パンフレットを **dish out** する

サンプルを無料で **pass out** する

大々的に商品を **put on the market** する

新製品なども **bring out** する

赤字覚悟で商品を **mark down** する

原価近くまで価格を **bring down** する

サービスとして商品におまけを **throw in** する

目玉商品を **close out** する

商品を完全に **sell out** する

再販で商品の価格を **mark up** する

82

☐ go into business	商売を始める
☐ scare up	をかき集める
☐ open up	を開く（店などを）
☐ send for	を注文する
☐ dish out	を配る
☐ pass out	を配る
☐ put on the market	売りに出す
☐ bring out	を発売する（新製品などを）
☐ mark down	を値下げする
☐ bring down	を下げる（価格を）
☐ throw in	をおまけにつける
☐ close out	を売り尽くす
☐ sell out	売り切る
☐ mark up	を値上げする

商売

代々続いた親の商売を **take over** する

年老いた親の代わりを **cover for** する

商品を大切に **do by** する

いろいろな商品を **have to do with** する

売り上げを計算しながら **keep accounts** する

計算機を叩きながら **keep books** する

一日の売り上げを **sum up** する

売り上げの合計で消費税を **reckon in** する

今日の利益を **figure out** する

売り上げの金額が10万円に **come to** する

昨年より売り上げが **drop off** する

商品の販売量が **fall off** する

仕入れ代金の支払いが **get behind** する

利益を上げるべく真剣に商売に **work on** する

83

☐ **take over**	を引き継ぐ（事業・責任などを）
☐ **cover for**	の代わりを務める
☐ **do by**	を扱う
☐ **have to do with**	を取り扱う
☐ **keep accounts**	帳簿をつける
☐ **keep books**	帳簿をつける
☐ **sum up**	を合計する
☐ **reckon in**	を勘定に入れる
☐ **figure out**	を計算して出す
☐ **come to**	になる（金額が）
☐ **drop off**	減る（数・量などが）
☐ **fall off**	減少する（数量が）
☐ **get behind**	遅れる（仕事・支払いなどが）
☐ **work on**	に取り組む（問題・仕事などに）

商品開発

新商品の計画を **strike out** する

いろいろな案を **put forward** する

チームをつくり商品の開発を **take shape** する

研究成果をまとめ商品の開発を **put into action** する

複雑な実験を **make an attempt** する

考えついたことを **carry out** する

実験を重ね性能を **try out** する

商品に付加する機能を **narrow down** する

不要な機能を **clear off** する

開発チームのメンバーと **pitch into** する

なんとか開発を **put through** する

製品のテストが **make it** する

ついに製品の商品化に **do well** する

大々的に製品を **come out with** する

84

☐ strike out	を案出する（計画などを）
☐ put forward	を提出する（意見・案などを）
☐ take shape	具体化する
☐ put into action	を実行に移す
☐ make an attempt	試みる（困難なことを）
☐ carry out	を実行する
☐ try out	を試してみる（企画・効果などを）
☐ narrow down	をしぼる
☐ clear off	を取り除く
☐ pitch into	と懸命に取り組む
☐ put through	をやり遂げる
☐ make it	うまくいく
☐ do well	成功する
☐ come out with	を世に出す（製品を）

企業

新しく会社を **set up** する

会社を分離し別会社を **spin off** する

会社設立で社員を **take on** する

契約して正式に社員を **sign on** する

利害が合致する企業と **merge with** する

合弁でお互いに **come to an agreement** する

会社の買収にあたり調査を **enter into** する

莫大な資金を投入し会社を **buy off** する

次々に新たな分野に **move in** する

いろいろなプロジェクトに **come in on** する

独占的な市場に強引に **muscle in on** する

潤沢な資金力で原料を **buy up** する

他社とビジネスで熾烈な **compete with** する

会社に莫大な利益を **bring in** する

85

☐ set up	を設立する
☐ spin off	別会社を設立する
☐ take on	を雇い入れる
☐ sign on	を正式に雇う
☐ merge with	と合弁する
☐ come to an agreement	協定を結ぶ
☐ enter into	を始める (交渉・調査などを)
☐ buy off	を買収する
☐ move in	進出する (会社などが)
☐ come in on	に参加する (事業・計画などに)
☐ muscle in on	に強引に割り込む
☐ buy up	を買い占める
☐ compete with	と競争する
☐ bring in	をもたらす (収穫・収入などを)

ストライキ

労働者は会社に意見書を **bring forward** する

自分たちの要望を **insist on** する

正当な要求として賃上げを **make a demand** する

断固として賃上げを **stick out for** する

また労働条件の改善を **hold out for** する

強引なまでに会社側に **come down on** する

しかし会社との交渉が **break down** する

労働者は仕事を **slow down** する

そしてついに **go on strike** する

会社側は労働者を **kick around** する

断固とした決意で工場を **close down** し

労働者を **lock out** する

ついには労働者を全員 **lay off** する

労働者の交渉は **fall flat** する

86

☐ bring forward	を提出する（提案・意見などを）
☐ insist on	を強く主張する
☐ make a demand	要求する
☐ stick out for	をしつこく要求する
☐ hold out for	を強く要求する
☐ come down on	に強く要求する
☐ break down	挫折する（交渉・計画などが）
☐ slow down	サボタージュする
☐ go on strike	ストライキをする
☐ kick around	を冷遇する
☐ close down	を閉鎖する（工場・学校などを）
☐ lock out	労働者を締め出す
☐ lay off	を一時解雇する
☐ fall flat	完全に失敗する

倒産

会社の業績が **go from bad to worse** する

業績不振打開のために新たな事業を **launch out** する

成功の確率は少ないが **take a chance** する

しかし推進していた計画を **make a mess of** する

不備が重なり仕事を **slip up** する

無念にも新たな事業は **go under** する

会社全体の業績は **fall back** する

やむなく事業を大幅に **cut back** する

赤字店舗を **shut down** する

会社が保有する土地を **trade off** する

一時は業績を **hang on** する

しかし資金が **dry up** する

再建努力もむなしく会社は **go bankrupt** する

多くの負債を残し会社は **go out of business** する

87

☐ go from bad to worse	悪化する (ふつう進行形で)
☐ launch out	思いきって始める
☐ take a chance	一か八かやってみる
☐ make a mess of	を台なしにする
☐ slip up	しくじる
☐ go under	失敗する (事業・人などが)
☐ fall back	後退する
☐ cut back	を縮小する
☐ shut down	を閉鎖する
☐ trade off	を売り払う
☐ hang on	持ちこたえる
☐ dry up	底をつく (資金・アイデアなどが)
☐ go bankrupt	倒産する
☐ go out of business	倒産する

会社再建

社長はこのままでは会社が倒産すると**make a judgment**する

思いきった会社再建の決定を**make a decision**する

今までの会社における計画をいったん**rip up**する

自社ビルを**part with**する

所有する不動産を**dispose of**する

不採算の店舗を**close up**する

広告の経費を大幅に**cut down**する

会社再建に向け**press forward**する

社内のさまざまな問題をうまく**cope with**する

社員の意識改革に**succeed in**する

会社再建に**make a success of**する

会社の危機を**come through**する

次第に有望な会社に**merge into**する

会社再建で莫大な利益を**bring in**する

88

☐ make a judgment	判断する
☐ make a decision	決定を下す
☐ rip up	をご破算にする（計画・約束などを）
☐ part with	を手放す
☐ dispose of	を処分する（財産などを）
☐ close up	を閉鎖する（道路・店などを）
☐ cut down	を切り詰める
☐ press forward	押し進む
☐ cope with	を処理する
☐ succeed in	に成功する
☐ make a success of	に成功する
☐ come through	を切り抜ける
☐ merge into	に次第に変化する
☐ bring in	をもたらす（収入・収穫などを）

経済

停滞していた経済が **look up** する

右肩上がりに経済が **turn up** する

株価の価格が **move up** する

物価が徐々に **go up** する

好景気に沸き物価が **run up** する

バブルなみに地価も **shoot up** する

日増しに物価が **get higher** する

市場に危機的状態が **come up** する

政府が市場に **step in** する

金利の操作で物価が **level off** する

株の価格が **come down** する

土地の価格が **go down** する

景気対策を誤り景気が **turn down** する

不景気で多くの会社が **fold up** する

89

☐ look up	好転する
☐ turn up	上り坂になる（経済などが）
☐ move up	上がる（価格などが）
☐ go up	上がる（物価などが）
☐ run up	急上昇する（物価などが）
☐ shoot up	急上昇する（物価などが）
☐ get higher	より高くなる
☐ come up	生じる（問題が）
☐ step in	介入する
☐ level off	横ばいになる（物価などが）
☐ come down	下がる（値段などが）
☐ go down	下がる（値段・温度などが）
☐ turn down	下り坂になる（経済などが）
☐ fold up	つぶれる（事業などが）

金融改革

金融業界は経済に重大な **make a difference** する

政府は野党と法律の改正で **come to terms** する

新しい法案を **vote through** する

無事に法案を **put through** する

法律が 1 カ月後に **go into effect** する

法改正で新規参入の企業に **give the green light** する

金融の自由化で新しい制度を **phase in** する

また既存の古い制度を **phase out** する

段階的措置で金融市場の混乱を **straighten out** する

金融界の不正を厳しく **crack down on** する

十分な公的資金を **provide with** する

金融界を公平に **do justice to** する

改革を渋る銀行に **lean on** する

不正に対しては厳しい **take action** する

90

☐ make a difference	影響がある
☐ come to terms	合意する
☐ vote through	を可決する（法案などを）
☐ put through	を通過させる（法案などを）
☐ go into effect	発効する
☐ give the green light	許可を与える
☐ phase in	を段階的に導入する
☐ phase out	を段階的に廃止する
☐ straighten out	の混乱を取り除く
☐ crack down on	を厳重に取り締まる
☐ provide with	を供給する
☐ do justice to	を公平に扱う
☐ lean on	に圧力をかける
☐ take action	措置をとる

講演

企業の依頼で **make a speech** する

広い会場で **make an address** する

予想以上の大勢の聴衆で **draw back** する

決心して勇気を **pluck up** する

腹に力を入れ元気を **pick up** する

スピーチが **come right** する

饒舌になりスピーチが **pay off** する

とちることなくスピーチを **make out** する

初めての講演を無事に **bring off** する

予定時刻通りにスピーチが **come to an end** する

ステージから **step down from** する

一歩一歩階段を **come down** する

会場のフロアに **go down** する

緊張が解けてガックリと **give out** する

91

☐ make a speech	演説する
☐ make an address	演説する
☐ draw back	尻込みする
☐ pluck up	をふるい起こす（勇気などを）
☐ pick up	を出す（元気などを）
☐ come right	うまくいく
☐ pay off	うまくいく
☐ make out	うまくやる
☐ bring off	をやってのける（困難なことを）
☐ come to an end	終わる
☐ step down from	から降りる（ステージなどから）
☐ come down	降りる
☐ go down	降りる
☐ give out	疲れ果てる

事故

自分の不注意から **ask for trouble** する

運転していた車が **crack up** する

信号のない交差点で対向車と **run into** する

前方不注意で人を **run over** する

何台もの車が高速道路で **pile up** する

車の追突で相手に **do harm to** する

かなり激しい損害を **do damage** する

相手の不注意で **come to harm** する

怪我による苦痛で **cry out** する

まわりに助けを求め **call out** する

声をあげて助けを **call for** する

生死の境をさまよい **come alive** する

心臓の停止から **come to life** する

しかし体調が急変し突然に **pass away** する

92

☐ ask for trouble	みずから災いを招く
☐ crack up	事故を起こす（車・飛行機などが）
☐ run into	と衝突する
☐ run over	をひく（車が）
☐ pile up	が玉突き衝突する
☐ do harm to	に損害を与える
☐ do damage	ダメージを与える
☐ come to harm	危害にあう
☐ cry out	悲鳴をあげる
☐ call out	大声で叫ぶ
☐ call for	を声をあげて求める
☐ come alive	生き返る
☐ come to life	生き返る
☐ pass away	亡くなる（遠まわしに）

チンピラ

仕事をせずにぶらぶらと **play around** する

何をしても不満で **make a face** する

不快感から顔を **screw up** する

気がムシャクシャし **cut up** する

悪ふざけして人に **impose on** する

ひ弱な青年を **knock about** する

子供をからかい **make cry** する

平気で人との約束を **go back on** する

甘いことを言って人を **lead on** する

人の弱みに **trade on** する

電車の中で **pick a pocket** する

黙って人のものを **go away with** する

建物に無理やり **break in** する

金目のものを **carry off** する

93

☐ play around	ぶらぶら遊んでばかりいる
☐ make a face	しかめっつらをする
☐ screw up	をしかめる (顔などを)
☐ cut up	いたずらをする
☐ impose on	に迷惑をかける
☐ knock about	こづきまわす
☐ make cry	泣かせる
☐ go back on	を破る (約束などを)
☐ lead on	をだます
☐ trade on	につけこむ (人の弱みなどに)
☐ pick a pocket	スリをする
☐ go away with	を持ち逃げする
☐ break in	押し入る (建物に)
☐ carry off	を奪い去る

喧嘩

不良は通行人の男に **pick a fight with** する

お互いに **have a fight** する

胸ぐらをつかみ **come to grips with** する

こぶしを握り **come to blows** する

男は不良に **jump at** する

強力なパンチで不良を **strike down** する

ついに不良を **knock out** する

後日不良は男に **kick back** する

逆恨みから **get back at** する

電柱の陰で **lay for** する

突然不良は男に **make at** する

不意に **go for** する

不良は男を **lay into** する

男は顔中を殴られ **come to grief** する

94

☐ pick a fight with	に喧嘩を売る
☐ have a fight	喧嘩をする
☐ come to grips with	とつかみ合いになる
☐ come to blows	殴り合いになる
☐ jump at	に飛びつく
☐ strike down	を打ち倒す
☐ knock out	を打ち負かす
☐ kick back	に仕返しをする
☐ get back at	に仕返しをする
☐ lay for	待ち伏せする
☐ make at	に襲いかかる
☐ go for	に襲いかかる
☐ lay into	を叩きのめす
☐ come to grief	ひどい目にあう

泥棒

泥棒は住宅街を **kick around** する

ある民家のまわりを **come and go** する

人気(ひとけ)のない留守の家に **creep into** する

足音をたてず **sneak into** する

暗闇でドアに **run against** する

ドンと壁に **knock against** する

クズかごに **fall over** する

足を滑らせゴロンと **turn over** する

歯をくいしばり痛みを **keep back** する

書斎にある金庫を **force open** する

札束と宝石を **rip off** する

部屋をそっと **slip out** する

家からこっそり **sneak out of** する

首尾よく金目のものを **walk off with** する

95

☐ kick around	をうろつきまわる (場所を)
☐ come and go	行ったり来たりする
☐ creep into	に忍び込む
☐ sneak into	にそっと入る
☐ run against	にぶつかる
☐ knock against	にぶつかる
☐ fall over	につまずく
☐ turn over	ひっくり返る
☐ keep back	をこらえる
☐ force open	を無理にあける
☐ rip off	を失敬する
☐ slip out	をそっと出る
☐ sneak out of	からこっそり抜け出す
☐ walk off with	を持ち逃げする

殺人

残忍な男は拳銃を **carry about** する

男は金持の社長を **set on** する

男は社長に銃口を **point at** する

社長は手を **hold up** する

そして財布を **hand over** する

男は銃を **shoot off** する

そしておもむろにA氏の胸を **aim at** する

男は胸を目がけて **shoot at** する

引き金を引いて銃を **let off** する

何発もの弾丸が **go off** する

男は社長を **do in** する

無抵抗な社長を **do away with** する

男は死体を足で **step on** する

そしてペッと死体に **spit at** する

96

☐ carry about	を持ち歩く
☐ set on	を襲う
☐ point at	を向ける
☐ hold up	を上げる (手などを)
☐ hand over	手渡す
☐ shoot off	を空に向けて発射する (銃などを)
☐ aim at	を狙う
☐ shoot at	を撃つ (銃などを)
☐ let off	を発射する (銃などを)
☐ go off	発射される (銃などが)
☐ do in	を殺す
☐ do away with	を殺す
☐ step on	を踏む
☐ spit at	に唾を吐く

探偵

探偵は犯行現場で手がかりを**poke around**する

その手がかりから犯人を**make a guess**する

当初は状況証拠に**hold on to**する

そのために犯人像を**mix up**する

しかしフッとある考えが心に**occur to**する

ハッとあることに**take note of**する

そして犯人の性格を**make out**する

ついに犯人のトリックを**see through**する

たくみなトリックを**see into**する

犯人がたくらんだ偽りを**catch out**する

犯人リストからシロの人物を**cross off**する

推理が正しいかどうか事実を**make sure of**する

無事に犯行の謎を**work out**する

名推理で犯人を**find out**する

97

☐ poke around	あちこち探しまわる
☐ make a guess	推測する
☐ hold on to	に固執する
☐ mix up	を混同する (人・物を)
☐ occur to	に思い浮かぶ (考えなどが)
☐ take note of	に気づく
☐ make out	を理解する
☐ see through	を見抜く
☐ see into	を見抜く
☐ catch out	を見破る (誤り・偽りを)
☐ cross off	を消す (線を引いて)
☐ make sure of	を確認する
☐ work out	を解く (問題などを)
☐ find out	を見つけ出す

指名手配者と刑事

指名手配者が崩れたビルに **keep down** する

そして静かに **hold one's breath** する

誰か来ないかとあたりを **look out for** する

人の気配に **watch out for** する

足音に **take notice of** する

夜も寝ずに **stay up** する

夜が明けて少し緊張が **let up** する

刑事はスラム街をくまなく **search for** する

そして犯人の居場所を **smell out** する

刑事は逃げる犯人を **track down** する

刑事は腕をつかみ犯人を **throw down** する

地面に犯人を **put down** する

腕を取り **hold down** する

観念した犯人に **put handcuffs on** する

98

☐ keep down	身を伏せる
☐ hold one's breath	息を殺す
☐ look out for	を警戒する
☐ watch out for	に用心する
☐ take notice of	に注意を払う
☐ stay up	寝ないで起きている
☐ let up	ゆるむ (緊張などが)
☐ search for	を捜索する (場所を)
☐ smell out	をかぎつける
☐ track down	を追いつめる (犯人・獲物などを)
☐ throw down	を投げ飛ばす
☐ put down	を押さえつける
☐ hold down	を押さえつける
☐ put handcuffs on	に手錠をかける

脱獄

囚人は鉄格子を **break off** する

忍び足で監視のそばを **pass by** する

狭い排水口から **crawl out** する

高い塀を **climb up** する

仲間をロープで **pull up** する

高い塀から **get down** する

刑務所から **run out** する

必死になって **run away** する

仲間と一緒に **run away with** する

無我夢中に **run on** する

追っ手から **get away from** する

警察の追跡から **break away from** する

暗闇で電柱にドンと **bump into** する

頭を打ってバタンと **fall flat** する

99

☐ break off	を壊して取りはずす
☐ pass by	のそばを通る
☐ crawl out	はい出る
☐ climb up	よじ登る
☐ pull up	を引っぱり上げる
☐ get down	降りる (高いところから)
☐ run out	走り出る
☐ run away	逃げる
☐ run away with	といっしょに逃げる
☐ run on	走りつづける
☐ get away from	から逃げる
☐ break away from	から逃げる
☐ bump into	にドンとぶつかる
☐ fall flat	バタンと倒れる

部族紛争

不満を持つ部族は政府に対して **rebel against** する

武装蜂起して紛争を **bring on** する

国内に部族紛争が **break out** する

反乱軍は政府軍を **make an attack** する

仕掛けた爆弾を **touch off** する

各地で爆弾が **go off** する

主要拠点を次々に **blow up** する

政府軍のヘリを **shoot down** する

民間飛行機も **bring down** する

政府軍はついに **take the offensive** する

反乱軍の部隊を **lay siege to** する

そしてその部隊を **wipe out** する

政府軍は抵抗する部族を **clean up** する

片(かた)っ端(ぱし)から、その部族を **kill off** する

100

☐ rebel against	に対して反乱を起こす
☐ bring on	を引き起こす
☐ break out	突然起こる（戦争・災害などが）
☐ make an attack	攻撃する
☐ touch off	爆発させる
☐ go off	爆発する
☐ blow up	爆破する
☐ shoot down	を撃墜する
☐ bring down	を撃墜する
☐ take the offensive	攻勢に出る
☐ lay siege to	を包囲攻撃する
☐ wipe out	を全滅させる
☐ clean up	を粛清する
☐ kill off	を皆殺しにする

ヤバいくらい使える
英語慣用句 1400

著 者　リック西尾
発行者　真船美保子
発行所　KK ロングセラーズ
　　　　東京都新宿区高田馬場 2-1-2　〒 169-0075
　　　　電話 （03） 3204-5161（代）　振替 00120-7-145737
　　　　http://www.kklong.co.jp
印　刷　中央精版印刷　　製　本　難波製本

落丁・乱丁はお取り替えいたします。
※定価と発行日はカバーに表示してあります。
ISBN978-4-8454-5052-7　C0282　　Printed In Japan 2018